JN203225

広島戦災児育成所と山下義信

【山下家文書を読む】

新田光子

法藏館

まえがき

山下義信（一八九四―一九八九）は、真宗本願寺派僧侶として、被爆直後の広島に「広島戦災児育成所」を開設し、一七一人のこども達を育てあげた。また、広島地方区の参議院議員として、「原爆医療法」、「広島平和記念都市法」をはじめ、戦後日本における社会福祉関連の数多くの重要法案の制定に貢献した。

わたくしは戦後広島の恩人の一人であると考えているが、原爆の記憶の継承が声高に言われるわりには、山下義信の事績がきちんと語り遺されていない気がする。失礼を承知で言えば、たぶん山下義信が、信念のためにははげしい毀誉褒貶もものともせず、またかなり癖のある、単純に評価できない、スケールの大きい人物であったためでないかと思う。

山下義信（「広島戦災児育成所」開所当時）

「広島戦災児育成所」は、最初から新聞ではよくとりあげられ、小説や映画にもなった。二〇一〇年代になって、広島を中心に紙芝居や学校演劇でとりあげられるようになっている。喜ばしいことではある。だが、そこではやはり当初からの新聞の美談記事的なとらえ方をこえていないような気がしてならない。

たしかに、こども達にとっては、厳しいが、優しい「おぢいちゃん」であった。「育成所」が語られるとき、そうしたこどもとの交流を中心にした姿が強調されているきらいがある。しかし、その背後にあった、山下家の人たちが「育成所」の存続のためにどれだけの犠牲をはらったのか、「育成所」の管理運営のために、山下義信は、どれだけ自分にたいして、また他人にたいして厳しかったのか、また行政をはじめ周囲からは温かい目ばかりがそそがれたわけではなかったことなどの側面は、あまり顧みられなかったのではないかと思う。

無理もない点もある。山下義信は、「記録魔」ともいうべき人物で、「広島戦災児育成所」についても、個人の言論・政治活動についても、非常に多くの記録を残しているが、それらが有効に利用されていないからである。

一九九九（平成一一）年、広島平和記念資料館が作成した『山下晃氏所蔵資料目録』（非公開）によれば、「広島戦災児育成所」関係資料だけで、二二二五点が数えられる。山下晃（あきら）さんは、山下義信のご長男で、童心寺住職、山下義信関係の資料をすべて管理しておられる方である。

なお、山下家保存資料のうち、原爆医療法や戦争被害者救済のための立法関係資料などは、一九九二（平成四）年、東京大学法学部付属近代日本法政史料センターによって、『山下義信関係文書目録』としてまとめられた。この目録は公開されている。

さまざまな事情が推察されるが、山下家は、これまで「広島戦災児育成所」関係の資料を公開することに積極的ではなかったように思われる。「原爆孤児」ということだけで差別の対象になった時代には正しい判断だったにちがいない。しかし、プライバシー問題も時間が解決しつつあり、戦後広島の重要な遺産であることがはっきりしてきた現在、なにかいい方法がないかと思う。

そのことを強く感じさせたのは、二〇〇七（平成一九）年夏、「広島戦災児育成所」草創期の『育成日記』が発見されたとして、新聞やテレビで非常に大きく扱われたときである。この日記は、元職員によって持ち出されたもので、山下家に残っている文書のほんの一部に過ぎないが、それでも反響はかなり大きかったように思う。多くの反応は、「そんな話があったのか」という、驚きと感動が入り混じったものであったろう。

二〇一〇年代に紙芝居などの創作活動が盛んになったのも、『育成日記』の発見がきっかけとなって「広島戦災児育成所」関連の記事や報道がふえたためだと思っている。

これまで「山下家文書」（と呼ばせていただく）を利用して発表されたものとしては、まず、『中国新聞』に一九七五（昭和五〇）年八月七日から十回にわたって掲載された記事「生き抜いた30年　原爆孤児育成記録から」をあげることができる。筆者は、当時中国新聞記者であり、その後比治山大学教授になられた島津邦弘さんである。島津さんは、山下義信の信頼を得ることができたためか、『育成の若干の記録』、『衛生日誌』、『保育日誌』など、「山下家文書」の一部を使って書いている。「広島戦災児育成所」の歴史を知るうえで、大変すぐれたものである。

また、一九八〇年代に優れた原爆孤児研究を発表した児玉克哉さん（社会貢献推進国際機構理事長　元三重大学教授）も「山下家文書」の一部を引用している。目下のところは、これ以上のものはないと思われる。

「広島戦災児育成所」と「山下義信」という人に魅かれて、わたくしと研究仲間が山下晃さんのお宅に伺ってから十年あまりになる。「広島戦災児育成所」と「山下義信」の事績を後世に残すべきだというわたくしたちの気持ちを受け入れてくださって、「山下家文書」の復刻という話がすすみ、まず山下義信自らが書いた『育成の若干の記録』からということになった。しかし、入力作業が少し進んだところで、種々の事情から頓挫しているのが現状である。

わたくしたちは、「山下家文書」が将来正しく管理され、重要部分は公開あるいは復刻されることを強く望んでいる。本書は、そうした「山下家文書」にたいする社会的な理解を深めたいという気持ちがあって、「広島戦災児育成所」と「山下義信」についていくつかのトピックをとりあげ、「山下家文書」を使って解説しようとするものである。

この本は、「広島戦災児育成所」の包括的な歴史を語るものではなく、また「山下義信」の詳しい伝記を目指すものでもない。それは今後の課題である。ここでは、報道や研究によってこれまで語られてきたことを、いわば補完するものとして「山下家文書」を紹介したいと思う。本書の副題を「山下家文書を読む」としたのはその意味からである。

「記憶の継承」の一助となれば、幸いである。

二〇一六年一〇月

新田光子

『広島戦災児育成所と山下義信――山下家文書を読む――』もくじ

V．「広島戦災児育成所」と「山下義信」その後……179

資料篇 …… 205

凡　例

○本文は、編著者による記述と引用文を区別するため、書体を異なるようにした。ゴシック系の書体は編著者によるもので、明朝系の書体は引用である。

○引用文の出典は、引用文前行に◆マークに続いて記した。

○引用文は、公刊されているものは基本的には原綴のまま転載し、山下家文書については変容させずに読みやすくする範囲で、新漢字、現代仮名遣い、漢数字への統一、ある程度の表記統一や句読点の加筆修正を付した。

○引用文中の〔　〕内は、原典を判読できなかった箇所・原典に関する編著者による推量、または解説である。

原典が判読不能で推量できない箇所は、一字不明＝〔□〕、二字不明＝〔□□〕とした。

○引用文の記述の中には現代の倫理観にそぐわない記述表現もあるが、原典を尊重、または歴史的事実として、そのまま収載するものとする。

Ⅰ．山下義信の経歴

念仏者としての山下義信

浄土真宗本願寺派安芸教区の教区報「見真」平成三（一九九一）年の第四四四号には、「（野次馬見聞録）山下義信さんを知っていますか」という見出しで、次のように念仏者としての山下が紹介されていた。当時広島で、しかも宗教界の一宗門で、山下を知っている人は、少なかったのだろう。それから二五年が経過して、さらに山下を知っている人は少なくなったであろう。

◆「見真」第四四四号（平成三年七月号、本願寺広島別院・安芸教区教務所、見真発行所）

今年もヒロシマに夏がやって来る。被爆体験が急速に風化し、原爆の焼跡から立ち上がるべく懸命に生き抜いた人たちの記憶も年々薄らいで行く。そうした中で、〝怪僧〟といわれた山下義信さんの足跡を簡単にたどってみたい。

旅行者が広島駅に下りて不思議に思うことの一つは、街に浮浪児がいないことだ……

昭和二十六年夏、朝日新聞は「原爆孤児」の育成に情熱を燃やす山下さんらの姿を紹介した。

山下さんは明治二十七年、呉市の裕福な呉服屋の長男に生まれた。念仏者だった祖母〔正しくは母〕の遺言で、真宗学寮の高松和上に学び、四十二歳の時、本派僧侶になった。広島市内の説教所で布教ひとすじの生活を送った。いつも頭を丸めていて、いかにも精悍な感じだった。

原爆が投下された時、山下さんは召集を受けて五島列島（九州）にいた。留守宅では、二男（十三歳）が登校中に爆死。禎子夫人と末っ子の女児も大ヤケドをした。ヒロシマの様子を風聞して、山下さんは「従来の宗教信仰を反省し、一切の同胞を救済し、光明界裡に再生せしめん事を発願す」と決意した（八月二十七日付日記）。

九月に復員すると同時に、関係機関と折衝、広島市西郊（当時・五日市町皆賀）の県有地と建物を借り受け、私財を投じて「広島戦災児育成所」を建てた。県の修練道場だった建物は「童心寺」となり、子どもたちが「亡き親を供養し、佛さまの教えをきく」道場になった。

百人近い子どもたちと約二十人の職員が共同生活を送った。敷地内に十棟近い家を建て、先生一人に子ども約十人が〝家庭〟を持った。山下さん夫婦は「おじいちゃん、おばあちゃん」と呼ばれていた。「父となれ、母となれ、感謝でくらせ」が信条だった。

朝六時半に起床し「童心寺」での佛参。夜も九時半から各〝家庭〟でのおつとめが続けられた。こうした雰囲気の中から、五人の子どもたちが昭和二十一年十一月、本願寺で得度、正式な僧侶になった。当時の新聞は「けなげな原爆少年僧」と呼んで、しばしばとり上げた。

大谷光照門主は二十五年十二月一日、二度目の慰問に来られた。五人の少年僧に「しっかりと勉強して、よいお坊さんになって下さい」と話された。山下さんの日記には「（ご門主は）子供たちのすこやかな成長をよろこばれた」と書かれている。

五人の少年僧のうち二人はまもなく還俗したが、三人は住職（一人は大谷派）として今も活躍している。

山下さんの長男、晃さん（六〇）＝広島市在住＝の話では、山下さんの実子五人は、他の子どもたちと全くいっしょに扱われた。両親を「おとうさん、おかあさん」と呼ぶことは許されなかった。「その時は、ずいぶん反発を覚えましたが、今から考えると、すごい男だったと思います。」と話して下さった。

常識のワクに収まらない山下さんは、二十二年から二期十二年間参議院議員（社会党）をつとめ、社会

浄土真宗本願寺派第23代の大谷光照門主の慰問
（昭和25年12月1日）

門主の慰問（同上）

福祉関係の法律制定に尽力した。

「山下は原爆遺児を食いものにしている」といった非難や中傷もあったが、ほとんど気に止めていなかったという。「わしゃー、佛さんにほめてもらえばええ」が口癖だった。

前門さまに、山下さんの印象をおたずねしたところ「誠実で熱のある人だったように記憶しています」というお手紙を頂いた。

山下さんは一昨年七月三十日、九十五歳で逝った。メガネと念珠、それにぼう大な資料が残された。遺体は献体に供され、今年二月遺骨が帰って来た。この施設が広島市当局に引き渡されるまでの八年間、佛さまとともに育てられた遺児は百七十一人にのぼる。かつての子どもたちは、この七月下旬の日曜日、山下さん夫婦と職員、お世話になったアメリカのノーマン・カズン氏の計八人の追弔会を営む。

政治家としての山下義信

『山下義信関係文書目録』は、山下を次のように紹介した。

この目録は、参議院議員であった山下が亡くなった後、山下が議員として関わった立法関係資料をマイクロフィルムに収めて作成された。

◆『山下義信関係文書目録』（東京大学法学部付属近代日本法政史料センター、平成四年作成）

山下義信は明治27年、広島県呉市の有力な呉服商の長男として生まれる。幼名は龍三。広島仏教学院卒後、真宗学寮に学び本願寺学階得業。大正7年予備役砲兵少尉としてシベリア出兵に応召、その後大正9年から昭和5年まで百貨店を経営した。昭和10年、仏門に入り得度し、同14年明徳塾を設立する。太平洋戦争中は広島県警察部講師、産報講師等を委嘱され、昭和19年には志願して応召、佐世保重砲隊に入隊した。20年8月6日、広島の留守宅が被爆、山下は次男慧を失う。

復員した山下は20年11月、広島戦災児育成所（のち53年広島市に移管、広島市戦災児育成所と改名、孤児の成長後は童心園、育成園と名称を変えて児童福祉施設となり、現在は精神薄弱者授産施設「皆賀授産所」となっている）を創設、私財を擲って原爆孤児の救済にあたった。22年、広島社会事業協会会長に就任、同年5月参議院議員に立候補して当選（広島地方区。当初緑風会、23年8月日本社会党（右派）へ移る）、28年5月再選され2期12年参議院議員を務めた。

この間、参議院厚生委員長、最高裁判所裁判官国民審査委員長、社会保障制度審議会綜合委員長等を歴任、また日本社会党中央執行委員、同会計検査中央統制委員等も務めた。山下が特に立法に深く関わったのは、「生活保護法」、「社会福祉事業法」、「広島平和記念都市建設法」などのほか、「戦傷者、戦没者等遺族援護法」及び「原爆医療法」などの被爆者救済を中心とする社会福祉関係の諸法律であった。この他、山下は24年に建立した真宗本願寺派童心寺の住職となり、また海外戦没者慰霊委員会副委員長、遺族援護会副会長、原爆遺児後援会会長などにも就任している。議員を引退した後も、原爆孤老のための広島平和養老館の建設等に奔走した。平成元年7月死去、享年95才。

山下義信の昔がたり

息子晃は、父義信に晩年「自分史」を書き留めておいてほしいと依頼した。これに応えて山下は直筆で文章を書き留めた。数多くの文章綴りは、山下家家系のこと、父母のことも含まれているが、多くが自らの人生を振り返って綴られたものである。広島戦災児育成所のこと、浄土真宗の信心のことなどで、これらのうち比較的早い時期に『親鸞聖人浄土真宗入門之書』が綴られ、昭和五四（一九七九）年に「釈義信　八十五才謹述」がある。

これ以降のものでは、次の綴りがある。

「足下を見よう自分自身を見つめよう」（昭和五八年八月一日の日付入り）

「白樺の森（荒谷一等兵戦病死）」（昭和五九年三月八日の日付入り）

「人情に厚い人　昭和五九・三・二〇」

「重々ご因縁の方々　五九・四・五」

「暁の思出の雲　五九・七・一」

「或る日の思出に　六一・四・一〇」

「参議院時代の思出　六一・四・一二」

「義信九三記念集　六一・四・一五」

「墨染めの衣を着る人　六三・三・一〇」
「實録串良物語　六三・四・一五」
「真宗入門墨染めの因縁　六三・一〇・一〇」
「実談串良物語　六三・一二・五」
「多田仁巳氏山下議員功績記」〈日付なし〉
「思出の方々」〈日付なし〉
「両陛下慰霊碑ご参拝　二三・四・一六」
「高松宮邸にて　原爆孤児等と」〈日付なし〉
「天皇陛下と『戦災児』」〈日付なし〉
「秩父宮妃殿下」〈日付なし〉

◆「人情に厚い人　昭和五九・三・二〇」参照・抜粋

山下の父、吉十郎は、大分県豊後の出身で、日出藩の家老格、儒者長沢常山と侍女三原ヤスとの間に生まれた。ヤスは吉十郎をひとりで育て、明治三〇年に呉に移り住み、明治三五年五月に病没した。吉十郎は、呉服商を成功させるとともに市会議員二〇数年つとめた。議員生活のなかでは二年間副議長に就いていた。山下の父親評は、「自分の人格に注意し非常に誠実で、私利私益に走らず終始公益のために尽くし又、人情に厚く多くの方々のお世話をし、呉市上下の方々の信頼を受け」た。

山下は大正七年九月のシベリア出兵に際して、広島駐屯の重砲兵第四連隊独立重砲兵大隊第一小隊長として出征した。このとき二五歳であった。日露戦争の激戦地で、広島県竹原出身の知人が戦死した満州遼

◆「白樺の森（荒谷一等兵戦病死）」参照・抜粋

義信の父が営む山下呉服店
上）売り出しに大勢の客が並んでいる
下）従業員が大勢働く店内

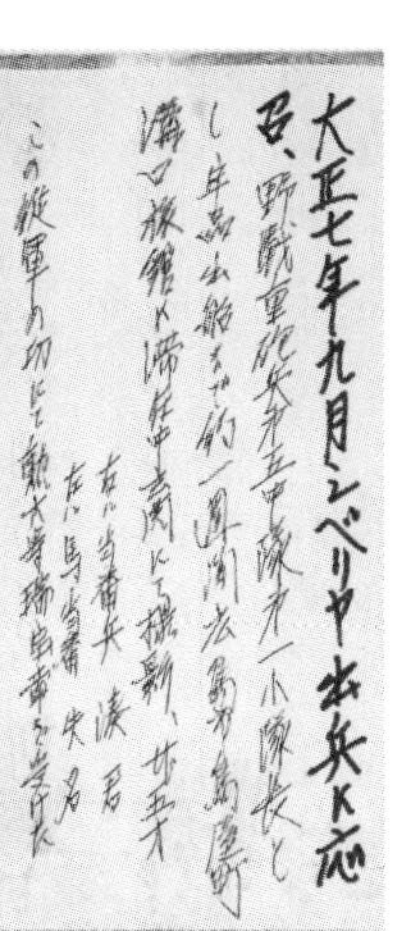

大正七年九月シベリヤ出兵ニ応
召、野戦重砲兵第五中隊第一小隊長と
し宇品出船まで約一週間広島市鳥屋町
溝口旅館ニ滞在中玄関にて撮影、廿五才

左）シベリア出兵を目前に控えた山下（中央）
右）写真裏書きに、「宇品出船まで約一週間広島市鳥屋町溝口旅館に滞在中玄関にて撮影」とある

陽、奉天、満州里、ハイラルなど行軍した。行軍の目的地シベリア「ベスチャンカ」に到着した九月一七日から一二月末までは極寒の地で兵舎生活であった。その間、部隊の一等兵が戦病死し、不平不満の兵隊が暴徒化するなどの兵舎生活を経験して、一二月末に部隊は沿海州に移動し召集解除、大正八年一月末帰国した。

◆「人情に厚い人　昭和五九・三・二〇」参照・抜粋

結婚して間もなく、山下は上京して相場に手を出し、無一文になった。妻禎子は乳飲み子をかかえていながら、その夜泊まるところもなくさまようなかで、見知らぬ人に声をかけてもらって宿を提供して助けてもらった。

◆「実録串良物語　昭和六三・四・一五」参照・抜粋

広島県の嘱託として産業報国会顧問をつとめていた一九四四（昭和一九）年一二月、四九歳で志願従軍した。山下本人は「真人間になった私は、ご恩返しに、お国のため一命をささげる決心をした」という気持ちであったが、周囲を悲しませた。

佐世保重砲隊第一中隊つき将校で、佐世保重砲兵隊は二〇年三月上旬に全隊鹿児島県串良に移駐、串良の軍宿舎では僧侶として知られていて、請われて法話をした。

Ⅱ．「広島戦災児育成所」の始まり

家族の被爆

広島を離れて軍隊生活を送っていた山下は、被爆をまぬかれたものの、広島の家族の様子はまったくわからなかった。家族の被爆の状況については、長男晃の文章が詳しい。昭和五〇年代に職場が刊行した原爆体験記に、晃は綴っている。

晃は原爆が投下されたときに一四歳、広島二中の生徒で、学徒動員中の広島市内で被爆した。

◆山下晃「語れぬままに」（全労働省労働組合広島支部編『原爆体験記――あれから33年、今なお――』全労働省労働組合、昭和五二年、一二八～一三三頁）

昭和二十年八月五日の夜空は晴れ上がり、月も星も美しく、そして静かであった。私の家は南観音で、市内とはいえネギやカボチャ畠の農家が大部分を占め、四六時中、人ぷん肥の香気が漂う隣組のなかにあって、家族七人があの非常時戦下の生活をしていた。母と私を頭に六人の弟妹、父は五十才で出征していた。

（中略）

八月六日の朝は、真夏の一日の型の如くに、何事もなげに、鶏鳴の声で明け、朝食にちょこんと載った大豆とカボチャを、六人の子供が、自分のが少ない、弟のが多いと例によってケンカするのを「今日の弁当は豪華版にしたよ。ホレ、美味しそうなジャガイモの大きいのばっかりにしといたよ。」と母の声に、それを開く今日の昼休憩の情景を思い浮べ胸をワクワクさせながらゲートルを巻いた。七時半頃、学友の大本孫用君が誘いにきて、共に広島駅裏の東練兵場に向かった。私らはサツマイモの耕作勤労奉仕に、次弟は水主町の建物疎開作業への動員であった。

南観音町から土手筋を三人は歩き、弟は観音橋を渡って行った。ふと何気なく見えなくなるまでお互いに手を振った。朝から晩まで兄弟ゲンカばかりしてきたのに。警戒警報のサイレンが鳴った。弟は後戻りしかけた。私らもどうしようかと迷った。暫時停止していたが、何事もなげなので、弁当をしっかり握り直して再び手を振り東に北に別れた。(虫の知らせは確かに存在することを信ずる。)

私は、大本君と天満町の市電停留所から広島駅行に乗車した。中学生でも、私らは学校の夜間警固班に組み入れられていたので、乗車を許可されていた。そして三〇分の遅刻も認められていた。市電の運転台の後に二人で立っていた。運転手は動員服の女性であった。電車が荒神橋の上に差しかかったとき、「原子爆弾は破裂した」

一瞬の閃光と轟音、天地が裂けたか、地底の奈落へ――。どの位の時間かは知らぬ。とも角「お父ちゃん、お母ちゃん。」と心で叫びウツ伏せになり、頭を両腕で覆っていた。もの凄い大地のうなりと恐怖のうちに電車が停まった。まっ暗闇の中に悲鳴、うめき、聞いたこともない動物的な雄叫び。腰が立たない。這って電車の扉に行く。うしろから押されて転がり落ちたとき足が地に着き、始めて立つことができた。真の闇と地響き。大本君を呼び叫ぶ。答えがあり顔も見えぬ中で抱きつく。明りを求めて、とにかくボンヤリ薄明りの方へ。

荒神橋の上に出た。少し明るくなってきた。大本君が私の顔をぬぐってくれて、初めて顔面から血が滴り落ちていることを知る。それよりも、橋の欄干が横倒しになり、無数の人が倒れうごめき、次ぎ次ぎに橋から川にとび込み、なんとも云えぬ声を発して幽霊の図そのままに、正に人間の姿は無く、見たことも聞いたこともない阿鼻叫喚の別世界にあって、自分ら二人だけが歩くことも出来た。雨が降ってきた。急いで軌道上を広島駅へ。

（中略）

鷹ノ橋に出る。軌道に電線がふさがる。文理大が燃え切らんとする。明治橋はうずくまった人で通れない。下流の浅瀬を渡る。観音橋も同じである。川も無数の人々。夏の西陽が草津の山に未だ高い。家は焼けないでメチャメチャながら形をとどめていた。大声で呼び探す。母を、弟を、妹を。道すがら見たボロボロの姿で裏の畠中に、母を中に四人の弟妹はコロがっていた。近所の家が焼けはじめた。近くの家の井戸へ。近所の人が、みんな、誰彼を見なかったかと。

広島戦災児育成所のこども達が当時見た原爆ドーム

何もかもが燃え続け、赤々とした夜空を眺めながら、畠の中にみんなと転がって、昭和二十年八月六日の夜を過した。

ここで「次弟」とある山下の次男は、戦後長く山下自身が消息を尋ねてみても結局行方がつかめなかった。

製塩の勤労奉仕中に被爆して重傷を負った妻、禎子は、病が癒えて体調を取り戻した後は、「広島戦災児育成所」開所にともなってその運営にたずさわり、昭和二五（一九五〇）年には、所長と政治活動の両方で多忙を極めた山下に代わり、育成所所長の仕事をはじめ社会的活動に従事した。所内では山下は「おぢいちゃん」と呼ばれ、禎子は「おばあちゃん」と呼ばれて児童から慕われた。

原爆で重傷あるいは軽傷でなんとか助かった山下夫妻のこども達は、育成所が開設されると所内でこども達と寝起きをともにして一緒に生活をするようになり、両親を「おぢいちゃん」「おばあちゃん」と呼ばなければならなかった。他のこどもの前で「おとうさん」「おかあさん」と呼んで甘えることは一切できなくなった。それは、自分のこどもであれ入所したこどもであれ、すべてを分け隔てなく平等に育てたいという山下の育成方針であった。両親の呼び方はじめ、すべての生活面に及んだそうした方針が、所内で貫ぬかれた。

五島列島にて発願

山下家文書の中心になるのが『育成の若干の記録』である。これは山下義信が「広島戦災児育成所」の歴史を自らまとめたもので、三五章からなる手書き文書である。『育成の若干の記録』第一章の冒頭で、山下は「広島戦災児育成所」を開設するにいたる気持ちを次のように述懐した。『育成の若干の記録』のはじめのタイトルは「発願」である。山下は自らを社会事業家ではなく、宗教者と認識していたので「発願」と題し、自らの宗教的信条を綴ったものと思われる。

◆「五島列島にて発願」(『育成の若干の記録』第一章)

歴史の日、八月六日に、私は保第二六〇〇部隊に属して長崎県五島列島の福栄島に在った。私は五〇歳であった。勿論軍籍の義務はない年齢であったが、終戦の年の一月志願して従軍し、砲兵少尉としてこの部隊に転属させられたのであった。

広島の状況は、その当時不明であった。八月一〇日頃、西部軍総司令部の情報として、「八月六日、広島が攻撃された。新型爆弾を投下した模様、相当の被害があった。」という程度のことが知らされただけであった。

八月一〇日の朝、福栄町にあった部隊司令部で、長崎方面から避難して来た、傷々しい、白い包帯姿の地方民を数十人見かけて、不審に思ったことである。その人達は、長崎の原爆を受けた市民であった。

八月十一日、広島方面へ派遣した兵が数名帰って来た。それらの兵の報告を聞くと、広島は全く壊滅した模様である。五日市付近で汽車を下り、歩いて己斐まで出ると比治山まで一畔の間が焼け野原で処々に電柱が焼け残っている位であるという。そういう状況では、市内観音町に留守番して疎開していない私の家族の安否は、ほとんど絶望としか思われなかった。

その後、間もなく部隊は、島門の二本楠に異動した。

私は数日間沈思にふけっていた。部隊はかねてから玉砕を覚悟した部隊であった。最後の準備が命令されて居った。

その時、終戦となったのであった。


八月二十七日、私は次の一文を草し、深く心に決意するところがあった。

(中略)

九月三日、私はさらに次の一文を草して心に誓った。


「真実ニ生キヨ」

余従軍シテ五島ニ在リ八月六日午前八時十分過ギ廣島市原子爆弾ノ空襲ヲ受ク、次第ニ其情報ヲ聞クニ従ヒ観音町ニ留守居セル我ガ家ノ妻子悉ク罹災死亡セルコト判明ス、各方面ニ問合セノ手紙数通發シタルモ杳トシテ消息ナシ。
　去ル八月十一日夜次男慧我ガ夢ニ入ル、ソノ様ハ路傍ニ横臥セルヲ我レ揺リ動カシテ起シ遣ルト見テ夢ハ覚メタリ、又八月二十九日ノ夜、妻力ナキ風情ニテ我枕辺ニ立ツヲ夢ム、果シテ我レノ気疲レカ、常ニ脳裏ニアルコトヲ夢ニ描キ出シタルガ全家族ハ子供六名ト妻ト七名ナリ、當日彼等ハ如何ナル場所ニテ何ヲ為シツツアリシカ、彼レヲ思ヒ此ヲ思ヒ、何卒一人ニテモ生キ残レアレカシ、況シテ我ガ妻ハ不幸ナル女ニテ幼少ヨリ辛酸ヲ嘗メ縁アリテ、余ノ妻トナリタル後モ逆境ノ中ニアリテ実ニ苦労ヲ倶ニシ来レリ。

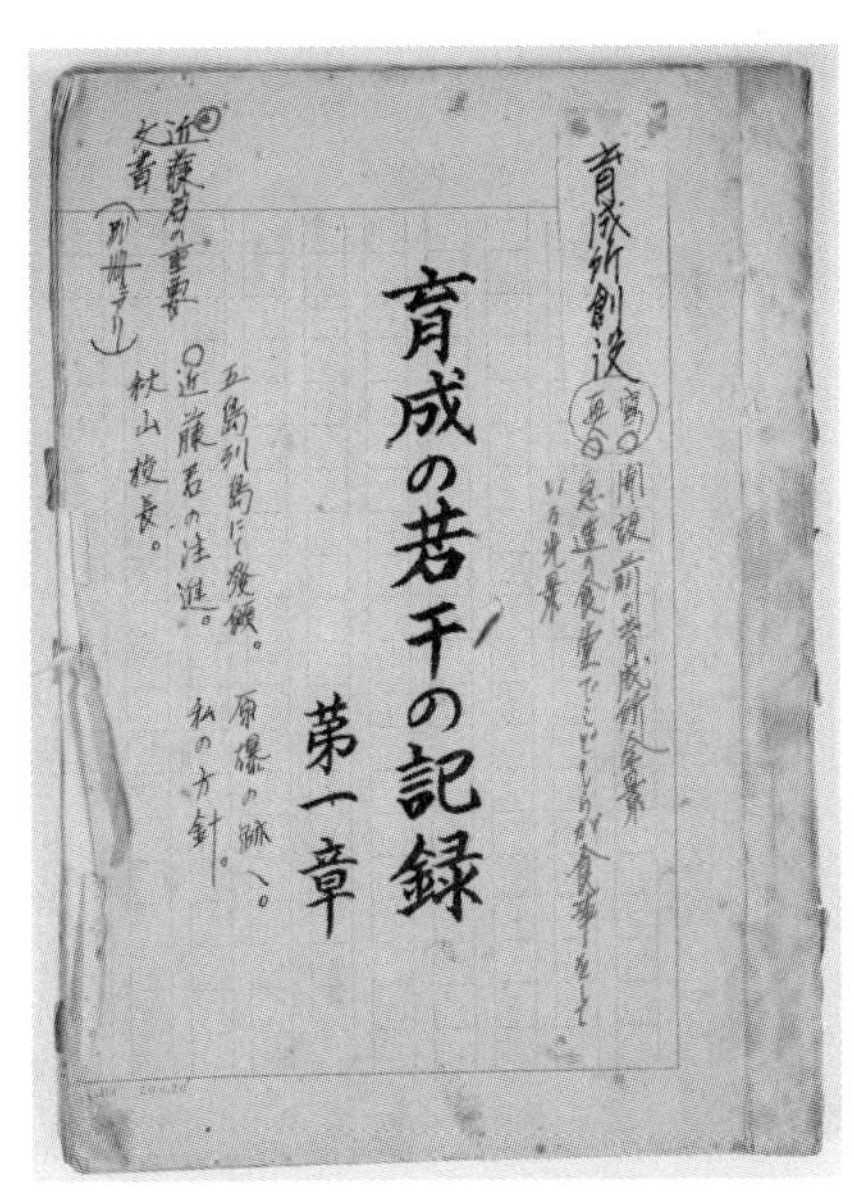
育成所創設
育成の若干の記録
第一章
五島列島にて発願。原爆の跡へ。
○近藤君の注進。私の方針。
秋山校長。
近藤君の重要文書
（別冊アリ）

『育成の若干の記録』第一章の表紙

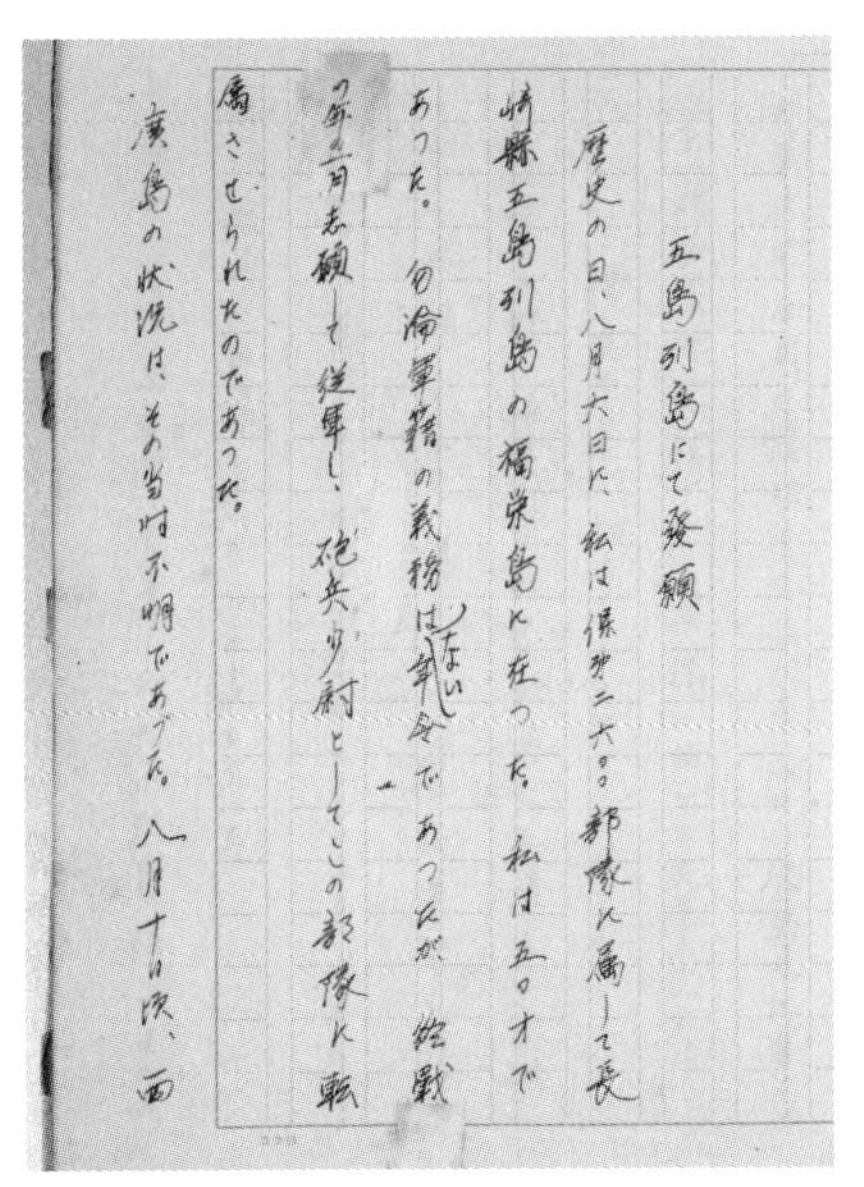
五島列島にて發願
歴史の日、八月六日に、私は保第二六〇〇部隊に属して長
崎縣五島列島の福栄島に在った。私は五〇才で
あつた。[illegible]軍籍の義務はない年令であつたが、終戦
の年に志願して従軍し、砲兵少尉としてこの部隊に転
属させられたのであつた。
廣島の状況は、その当時不明であつた。八月十日夜、西

「五島列島にて発願」の部分

近時漸ク再起シ昔日ノ面影ニ復シ若干ハ彼女ノ苦労ヲ慰メ遣ラント思フ折柄、我レ再ビ召集願ヲ出シ、進ンデ軍ニ従ヒ多数ノ幼児等ヲ残シテ門出シタリ。余ノ家族等ハ実ニ余ノタメニ無惨ナ運命ニ陥リタルナリ。嘸カシ余ヲ恨ミ、無情ノ父ヨ、冷酷ノ夫ヨト心淋シク死ニ行キツラン、寒中澤ナキコトナリ。ソレモ激戦ヲ交ヘ、敵ニ当リテ潔ク玉砕スルコトカ。オメオメ軍門降リテ、生恥ヲ曝スコト何タル悲運ノ果テナレゾ。妻子ニ合ハス顔モナシ。

仄聞スルニ或ハ近ク召集解除トナルベキカト、サルニテモ余ハ何處ニ帰リ行クベキカ、帰ルベキ家ナリ妻子ナリ家族ナリ、余ヲ待ツモノトテハ更ニ無シ。サレド又一日モ早ク帰リテ彼等ノ消息ヲ探リ見ント焦慮ニ焦慮ヲ重ネツツアレドモ万一ノ見込モナキ事ヲ急グ。

必要モナキ心地スルナリ、唯茫然トシテ冷厳悲惨ナル人生ノ現実ニ圧伏サレアルノミ。今コノ関頭ニ立チテ決意セリ。

余ハ真実ノ一路ヲ辿リ世人ニモ其道ヲ示スベシ、一切ノ虚偽ハ悪魔ナリ。人間ハ真実ニ生活シソノ霊ノ尊厳ヲ確認スベキナリ。

余ハ悲痛ノ心ニテ此ノ一文ヲ記ルスモノナリ。

九月三日午前一〇時　　於五島　　義信

開所式

広島にたどり着いた山下義信が、いち早く惨状を目にしたのが比治山国民学校の施設を利用した「比治山戦災児収容所」の窮状であった。そこが設置されたのは原爆が投下されて四日後の八月一〇日であり、すぐに収容児は二〇〇人に達した（『広島新史　市民生活編』（広島市、昭和五八年、二四八頁）。

山下は、こうしたこども達は「孤児」ではなく「迷子」の扱いであって、比治山の施設は、「迷子収容所」であったと述べている。「収容所」は悲惨な状況にあり、そのまま放置できない、憤然たる気持ちをいだいたと言う。

こうした気持ちがあって、自分が「孤児」救済に取り組まなければならないと感じた。最初に取り組んだのが、施設のための場所探しであった。

戦争中、宗教法話に従事して関係した広島県佐伯郡五日市皆賀の丘にある広島県の農場試験場の県農事試験場跡を場所の候補とした。そこは原爆で消失をまぬかれた広島市西郊に隣接して位置した。戦争中は、広島県警察の修養道場であった施設である。山下は楠瀬県知事にかけあい、「修養道場の土地・建物は貸しましょう」と許可を得ることができ、まず場所を確保した。知事からは、「金は一文もないので、貴君の資金でやってください」と返事があったという。その返事をもらって、呉にあった財産を処分して資金を調達し、開所にこぎつけるまでには、三か月近くかかっている。

「孤児」育成事業を目指して「広島戦災児育成所」と名付けたこの施設では、早い段階から宗教教育はじめ所内教育を重視する運営を目指し、「広島市学童集団教育所」を併設し、幟町国民学校の分校として小学校教育を施した。

◆『育成の若干の記録』第二章

昭和二一年一月一九日所内光ヶ丘の本堂で開所式を挙うた。曇天の寒日であった。

来賓として、知事代理に中国行管の岡部史郎氏、市長代理助役浜井信三氏、同学務課長名柄正之氏、同社会課長矢吹憲道氏であった。

地元から町の有志、近隣の方々、正向寺さん、滝岡昇平氏、育成所側として私、松林君、桑原市男君が列席した。桑原君は旭兵器株式会社の社長で、私と昵懇の間柄であった。岡部氏がメッセージを読み、私が挨拶をして式を閉じた。極めて簡単に済ませたのであった。こども達に菓子とみかんを配り、昼食にはお赤飯とお魚の御馳走であった。

この式の時私は矢吹氏に「いづれ市管にして頂かねばならぬ。それまで私がお世話するのです。」と言明した。

この事業は、当然広島市が責任を負うて、尽力すべきものであるというのが当初からの私の考えであった。名柄学務課長とも話し合った。その頃文部省は戦災都市児童援護要綱というものを、各戦災都市に通牒を出して居った。各都市の戦災児童を一か所に集会して、収容し、教育をする施設をつくるなら若干の補助をするということであった。

この通牒にもとづいて、広島市は内々計画をすすめていたようであった。私は少しも知らなかった。広島市幟町小学校長台壽治氏を中心にして、準備がすすめられていることが分かった。

広島戦災児育成所、開設前の全景

広島戦災児育成所、開設当時の前景

予定地は似島であった。同校教員斗桝正君はすでに同島に渡って、そのことに当たって居った。名柄課長と台校長とは中々に深い関係であった。台校長は名柄君の媒酌人であった。斗桝君とも公私共密接な間柄であった。三名のトリオはよい意味での名コンビであった。比治山小学校に仮収容中の孤児達は、同じ教育関係者の間で話し合いがすすめられ、似島の集団教育所に移動させるつもりのようであった。

これらの人々は、開所式に出席した。当日このことを誰からか承知した私は、「集団教育所が孤児収容事業としておこなわれることは少しく筋が違うように思われる。それに似島は離島であって不便である。孤児達は、社会と接触を保ちながら育成せねばならぬ。社会と遮断したような島に送ることは適当と思われない。それにこういう事業を競合することは、あまり利益とはならない。小設備では、いづれも不十分となって、いけないのではあるまいか。宇品に引揚孤児の収容所があり、今ここに育成所ひらき、更に似島に開設することは、果たして得失はどんなものであろうか。若しあくまで、市、学校側で計画を押しすすめるというならば、ここを使って貰いたい。私は本日限り手を引いて、貴君方にこの場所一切を挙げてお渡しする。

地の利といい、環境といい、又すでに元農工試験場跡の建造物も若干ある。似島の赤土の不便なところをどのように資金を投じて努力しても、この程度の設備をするには容易であるまい。第一飲料水もないのではあるまいか。大人の事業欲のために、こどもを犠牲にしてはならないと思う。ここをお使いなさい。名柄私は手を引きますから。」と関係者諸君に話したのであった。育成所の庭で立話をしたのであった。名柄課長は黙々として居ったが、台校長はいくらか意思が動いたようにも見受けられた。そして「いづれ御相談に参ります。」というて帰った。その後、この問題は私の主張通りになって、似島の計画は中止し、集団教育所は育成所に併設するという形となって合流することとなった。

間もなく、皚町小学校から斗桝君を主任として数名の教員が派遣されて来た。そして所内で小学校教育をおこなうことになった。

初め私は、小学校教育をどうすべきかを考えた。町の小学校へ通学させるか、所内で小学校を分教場の形式で開設すべきかの問題であった。

ところで、私をしてこの問題にたいする決心をあたえたことがあった。ある日、正月もかれこれ過ぎた頃、五〇メートルばかり前方の八幡川の堤防の上に十数人の悪童が現われて「おうい、親の無い子、出て来い出て来い、やって来い。」としきりに喚き散らすのであった。増田という子が私に「おぢいちゃん（こどもらは私をこう呼んでいた。又呼ばせることにした。）あれを見んさい。僕等を親のない子だといって、喧嘩を売りに来たよ。もう何べんも来たよ。」と訴えるのである。増田君は心外にたえないもののように、こどもながらも悲しみの眼を見せて言った。心ないこども達ではある。困ったことである。一と考えしなければならない。こういうことではうかうか町の小学校へ通わせるというわけにはいかない。しばらく落着いて、こんなことのないような環境となった時、町の学校へ行かせることにしようと私は深く決心したのであった。

丁度その時、さきにしるした集団教育所のことがあって都合よく願ったり叶ったりということになって、ここに所内で小学校を併設するということが実現したのであった。それは一月の下旬であったと思う。

何分にも官庁関係のことは不馴れであった。そのために非常に困ったことが起こった。広島県庁の社会課は、五日市の育成所を社会事業として認めないというのである。それはどういうわけかというと、この事業について社会課に相談しなかったからだというのである。昭和二〇年の一二月、広島県下の農家から、餅の寄贈運動が行われて、月末には山のように多くの餅や米が県庁に寄託されたのであったが、五日市の育成所は社会課のリストにないからといって餅の一カケラも配分に預からなかった。いろいろ物資の特配の申請書にも、社会課として副申することを拒否した。こういうことが昭和二一年の春頃までつづいた。実に不都合千万な話であるが、泣く子と地頭には勝てなかった。その後度々視察と称して某課長が来所した。私は姓名を公表することを遠慮しよう。かれらは視察を名目に、それとなく酒食を強要した。その都度林田君は、酒販会社に申請書を持参して哀願した。ある者のごときは二升以上も鯨飲した。市内には勿論一滴の酒もなかった。私は痛憤にたえなかった。悪役人の横暴に困惑させられたのであった。

昭和二一年三月頃、楠瀬知事の来所を見ることが出来た。民主主義を知る者の少ない町であった。この知事の視察には驚いた者が少なくなかった。廿日市警察署長は、かねて知り合いの間であったが、「知事を引っ張って来たには驚いた。」とまるであるまじき椿事が出来たかのようにタメ息をついて見せた。横山佐伯地方事務所長は終始厚意を寄せて惜しまなかった。私はこの人の好意を忘れることはできない。

敗戦後の日本で、最も重要なことは、戦災困窮者の救済事業であるのだ。それには、関係官公吏の熱意と良識の行政指導を必要とすることは何よりも喫緊であると肝に銘じて痛感したのである。

後年、私が議席を持とうとしたことは、実にこの時に苦い経験を嘗めたからであった。

いる。

山下は広島戦災児育成所の運営にあたって、職員の役割を重視していた。そのことを各所で述べている。

山下が厳格に接した職員の中には、反感をいだく者もいたようである。

理想の職員

◆『育成の若干の記録』第二章

事業は人であるから、先ず人を探さねばならない。私には周辺に人を持たない。近親者もない。中には近親者で事業の枢要なところを占めて、水も漏さぬ経営をする例がある。私は、たとい近親者に人があっても、なるべくこれをさけることにした。

事業を明るくすることは、事業を公開することである。事業を硝子張りの中でおこなうには、他人に重要事務をやって貰うことである。

たとえば会計、倉庫、物品業務などは、なるべく一族の者をさけるがよい。私は最初から最後まで、それらの一切は悉く他人の職員にあたらせたのであった。

昭和二〇年一〇月下旬、私は戦友林田豊喜君の来援を求めた。林田君は堡第二七〇〇部隊で戦友の関係であった。彼は学徒出陣で少尉であった。長崎県の出身であった。林田君は二四歳であった。相当の家庭の御曹司であった。一〇月末、私の連絡と招請に応じて欣然として来援してくれた。

この好青年は足掛け五年の間、文字通り粉骨砕身、事業の中心になって働いてくれた。実直で、熱心で、謹厳で、努力型で、実に申し分のない青年であった。こども達は心から尊敬して懐いた。職員ことに多くの女子職員は林田君の命によく服した。所内の規律は林田君によってよく維持することができた。事務は能率よく処理され、青年にかかわらずいんぎんなその態度は外来者をして感嘆の声を上げさせた。育成所の事業は林田君によって、その基礎ができたのであった。

林田君には婚約者があった。実家は実業家であった。結婚と自家の事業開始のため、しばしば帰省を促してやまなかった。家君家兄も数日説得にやって来た。林田君はその都度、も少しも少しと言って帰郷を延期した。遂にその時が来て、林田君は育成所を辞去することになった。一草一木ことごとく労苦の思い出である。満四か年の間に育成所の面目は一変した。こども達はすこやかに成長した。苦労の甲斐があきらかにあらわれている。

この創業の苦労を共にした林田君が、育成所を後にする日が来たのである。かれは泣いて別れを惜しみ、私も真に惜別の情にたえなかった。こども達は闇夜に光を失うたように失望した。こういう立派な青年であるから、その後のことは言うまでもないことである。林田君は有力な実業家として東京近くで活躍しているようである。

昭和二一年五月、同じく戦友の迫間唯彦君夫妻を有力な職員としてむかえることが出来た。迫間君は俊敏豪放であった。妻君は良家の子女であった。その在任は約一か年であったが、こども達の上に大きな感化を与えて功績を残した。

私はどんな讃辞を以てしても賞めすぎるということのない、理想の職員として、櫻井宏道君を得たことは、実に無上の幸福であった。櫻井君は約三か年間献身的努力をしてくれたのであった。林田君と同じように軍隊での戦友であった。ただし林田君は五島部隊で、迫間、櫻井の両君は佐世保部隊の戦友であったという相違だけであった。櫻井君は九州帝大の出身で福岡県の出身であった。年齢も林田君と同年配であった。私の三顧の礼に応じてこの事業のために来援してくれたのであった。林田君と兄たり難く弟たり難く、真に沈勇寡黙の九州男子の風格があった。容貌も温厚秀麗で、実に真面目そのものであった。青年に似ず長者の風があった。そして神のごとく良心的であった。櫻井君の人格は間もなく関係者をして感嘆せしめた。そして敬明せしめた。こども達が畏敬しかつ敬慕した。

私はかかる理想的青年を見たことがなかった。一生を通じて同じ人物を二人と見ることはできないであろう。後に東京に伴って、少時参議院に奉職させたことがあった。僅々一年余であったが、万人皆その誠実かつ優秀なのに驚嘆した。惜しむらくは病を得て郷里に帰り、今は油脂工業会社の社長として、きわめて多幸の日を送っているようである。

私はこういう優秀な職員というよりは篤志協力者を得て、この困難な事業を開始し、これを遮二無二押しすすめることができた。これらの人達は、名義は職員であっても、実質は協同者であった。養護施設の職員として得られるような人物ではなかった。

林田君、櫻井君と相前後して、私は望月演之君を得たのであった。望月君は農大を出て、父君と共に広島に疎開中であった。望月君も三年余り、この事業のために尽力して貰った。望月君も良家の子弟であった。賢明というよりは俊秀であった。寸毫の欠点もなかった。そして熱情家であり、情の深い青年であった。よくこども達の世話をして、全く献身的に努力した。

林田君、櫻井君、望月君といづれも大学出身の人材が揃って育成所の職員陣は豪華版の観を呈した。こういう人材が揃うと、どんな計画でも実現し、達成することが出来た。瞬く間に育成所の事業は伸び上って来た。それは驚異的の躍進であった。

私は職員に過酷を要求して苦しめた。こども達の親たるべく要求した。率先垂範を求めた。その勤務は激甚であった。

当時、一般世間は生活難であった、就職難でもあった。従って職員の希望者は跡をたたなかった。育成所の記事がよく新聞などに掲載された。その都度職員志望の申し込みがあった。又、多くの復員者が内地に帰った。そういう人も少なからず希望して来た。

中々適格の人は少なかった。とくに女子の適任者が少なかった。

社会事業は戦前には無かったのである。従って保母などの経験者はある筈はない。若い女子は純真であるが、経験がなかった。中年の婦人は家事などの経験はあるが、往々にしてルーズの者が多かった。戦争未亡人が幼児をかかえて就職を哀願する者もあった。私は同情して採用した者が二、三あった。

育成所内では生活だけは保証された。生活のためのみで、事業の重責に自覚のない人は、数日で辞めて貰う人もあった。慰問品がこども達に分配された。それより少なく職員にも親子一体の意味でおすそ分けをすることにした。それ以上は、一個の餅もツマミ喰いを許さなかった。

炊事係にはとくに厳重に訓戒した。炊事場に居るために、行儀のわるい人には、容赦なく辞めて貰った。担任のこどものシャツや下着が汚れたままの人、ボタンが落ちたままの人、かげでこどもをいじめる人、こういう人も遠慮なくクビにした。若い人にも中年の人にもすべての女子の職員に、母としての修養にこころざすように注文した。無理な願いであった。しかし無教養では、こどもらによい感化をあたえることはできない。こども達に平行して、母親も勉強して貰わねばならない。古浦先生には児童心理学を、山本先生には短歌を、行友先生には茶道と華道を毎週指導を受けることにした。

職員を厳格に統率することは、人を使う道としては、下の下である。人に厳なることは感心しないことである。少々のスキ間風はある方がよいのである。息を抜くところがなければ、勤務は辛くて続かないものである。見ても知らん顔をする寛容な態度は人を使う者にとって望ましいところである。

それは百も千も承知であった。しかし私は断じて厳格を一貫した。ただ事業の性質上、私情を殺さねばならなかった。ある施設では、寄贈の牛乳が横に流れて、職員の子が飲んでいるところを市民が実見したと聞いている。ある施設では、院長や職員の生活が、こどもの生活よりもはるかに贅沢であると非難された。又、あるところでは寄贈の被服類が、一番先に職員によって占取されるということが伝わった。これはただに退職した職員が中傷流布するばかりでなく、誰れ知るということなく判るものである。事業の信用上、こういう心なき職員の不注意は、事業にとっての致命傷である。事業の信用を毀損することは、同時にこども達に悪影響を及ぼすものである。いかに厳格すぎるといわれても、私はこの一点だけは、大目に見ることを許さなかった。

私の過酷とでもいうべき厳格さは、職員の異動のはげしさと共に世間の評判となった。一部では勿論これを非難する人があったが、しかし過失することなくこの事業をすすめることが出来たことは、この方針を一貫したお陰であると信じている。そのかわり後に至って次第に適任者をえることが困難となり、「ああいう八釜しいところでは」と求職者も敬遠し、この良心的経営方針も次第に時流に合わなくなって来たことは是非もなき次第であった。

経営方針

『育成の若干の記録』の中で、広島戦災児育成所の「経営方針」が示されている文章が、以下の箇所である。

山下は、育成所の運営にあたって「中流階級」を標準とすることを繰り返し述べている。この「中流階級」の強調が他の施設関係者からの誤解や批判をまねくことになった。

◆『育成の若干の記録』第二章

私は、経営の方針をいろいろに考えた。その第一は、「父となる」「母となる」ということである。私の考えでは、かれらの「失えるものを与える」ということが、この事業の生命であると確信した。その失えるものとは、いうまでもなく、かれらの親と、かれらの家庭とである。従って何はさておいても「親を与え」「家庭を与える」ということが急務中の急務であると考えた。

親と家庭とは不二である。私は家庭的ということを、すべての根本方針とすることにきめた。家庭的ということを別の面でいえば、孤児院的にならぬことである。収容所的にならぬことである。いかにも不幸な哀れなこども達が集められているという心象を與えぬということである。換言すれば、これだけのこどもを養育しうる家というものは、けだし、大富豪でなければできぬことである。この家は大家の風格がなけねばならない筈である。

私は家風を確立しようと考えた。それで、三箇条の家憲を設定した。
一、礼儀正しく
二、奮闘努力
三、慈悲深く
この三箇条を一切の行動の基範とすることにした。そして何故にこの三箇条を家風とするかを、事ある毎に職員とこどもに話して聞かせた。そしてこれを徹底することにした。

何分にも突然と集合した職員とこどもとの大世帯である。油断をすると、ガヤガヤワイワイの烏合の衆となり、ざわめきの乱雑な集団生活をするだけのことになる。こんなふんいきでよい育成ができるわけがない。戦後ああいう状態で、無数の児童施設が全国に発生したが、どこを見ても乱脈で騒々しい施設ばかりで、ただ施設という中に乱雑にこども達が投げ込まれたという感じの施設ばかりで、私は後に考え方が正しかったと確信することが出来た。

新家憲の三箇条は煩々しく説明をする必要はあるまい。親しき仲にも礼儀ありで、良い家庭ほど、礼儀は正しいものだ。日常のあいさつ、返事、頭の下げ方、物腰恰好、立居振舞、できるかぎり上品に躾けることにした。一々私が手を取って教えた。事毎に私が模範を示しておこのうて見せた。

礼儀と掃除は不可分である。掃除と整頓は八釜しく言った。掃除はいつも行き届いて、気持ちがよい程キレイになった。こういう躾は、物事を規丁面にする習慣となった。

Ⅱ.「広島戦災児育成所」の始まり

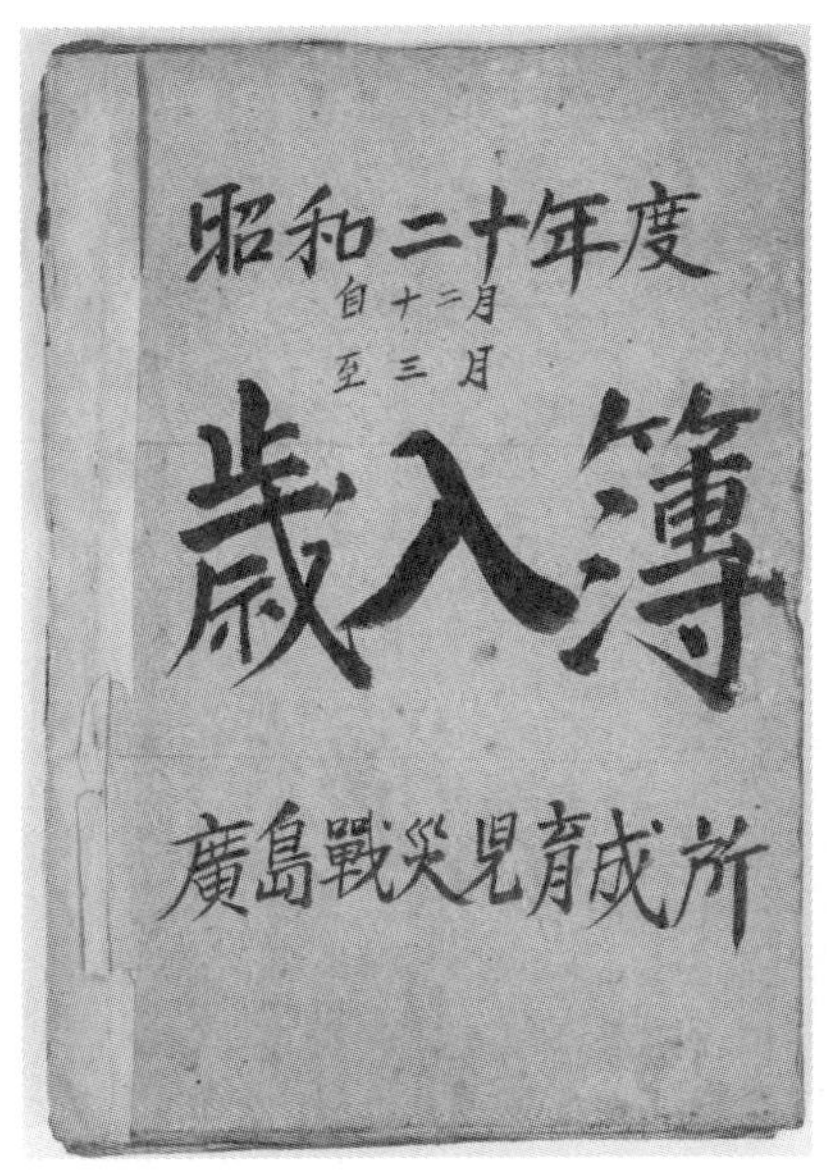

昭和 20 年度　歳入簿

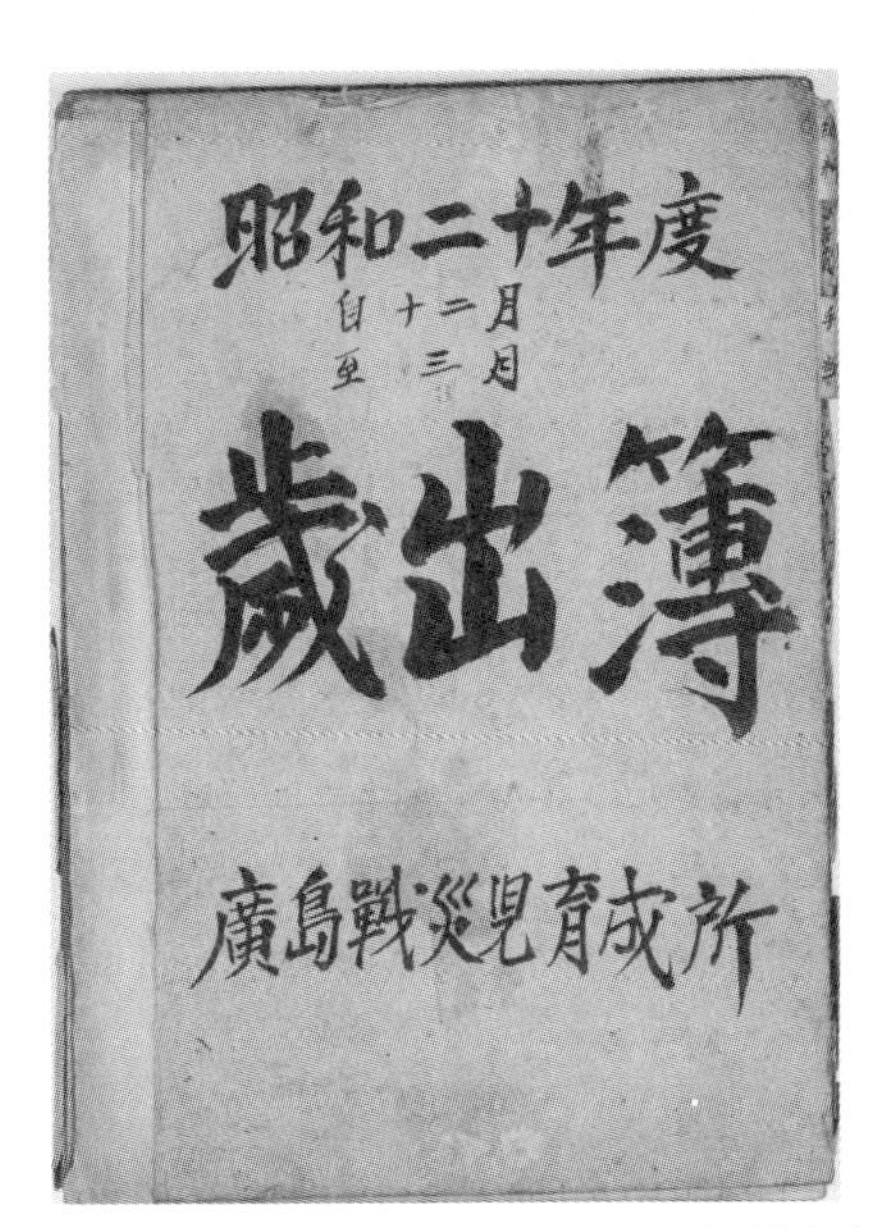

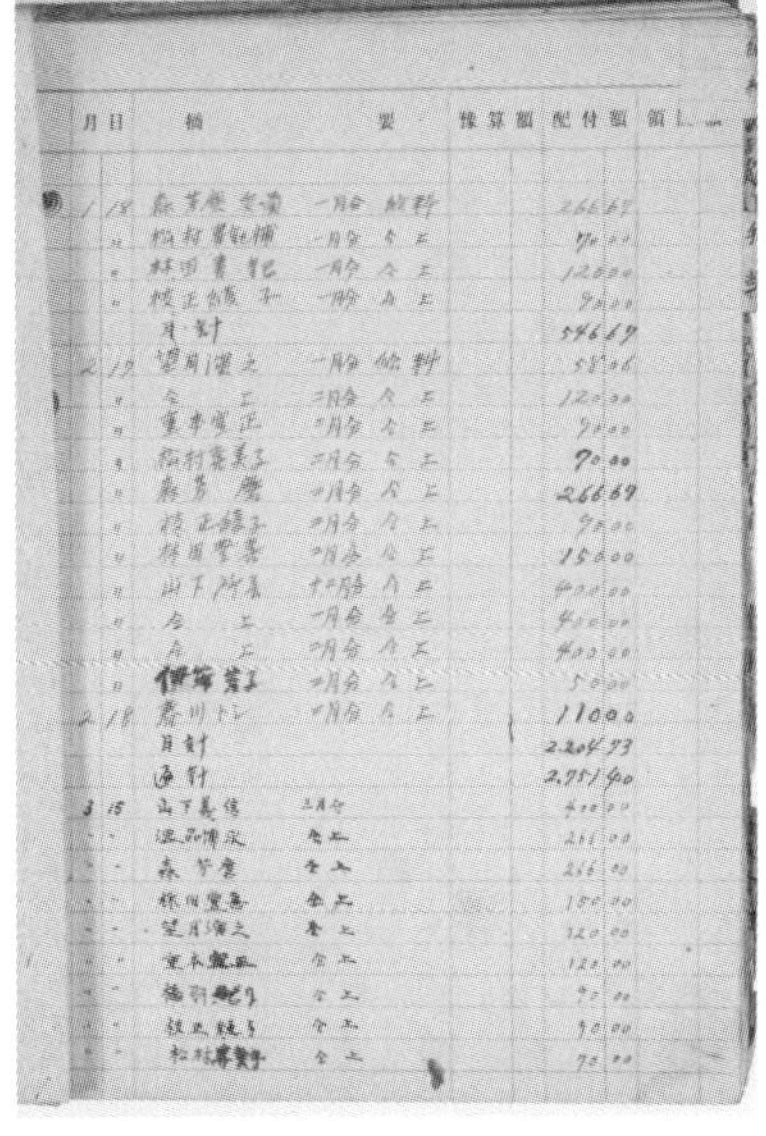

昭和 20 年度　歳出簿

物品を大切にすることになった。服装も立派なものを着せた。半巾と塵紙をキチンと持たせることにした。手足もキレイにさせた。日に何度も手を洗わせた。外出から帰ったら、塵をはらい、咽喉をうがいさせることを敢行した。

庭には樹木を植え、花を咲かせた。小石や砂利を敷きつめて美しくした。部屋の装飾も工夫をこらした。各部屋々々に佛壇を置き、父母の霊を祀らせた。床の間をつくって花を活けたり、一輪挿しをあしらったり、額や絵をかかげさせた。できるかぎり書籍や雑誌を集めて、各室に書架を置いた。別に図書室を作ったことは勿論である。

女の子は髪の手入れを怠らぬようにした。男の子はたえず理髪してサッパリとさせた。下着類は垢のつかぬよう、洗濯を奨励した。靴下の汚いものは一人もなかった。履物も、それぞれ個有のものを数種類持たせ、足許の醜くないように注意した。

私始め、職員一同は親の立場を堅持した。

事務室は、中央の一番粗末な建物を宛てることにした。よい建物、よい部屋はこども等に、職員は不自由を忍ぶことにしたのである。事務室には「父となれ」「母となれ」の二つの額面をかかげた。粗末な事務室ではあっても、これは全家庭の中枢で、全こどもの育成の心臓であるので、特に事務室の状態は、十分気をつけて注意した。

私はこの設備に名称を附けねばならなかった。しばらくその名称について考えた。或は学園のような名称もある。或は庭園のような名称もある。或は別荘のような名称もある。或は地名を冠する名称もある。

いろいろの命名の仕方があると思われたが、私は思い切って、広島戦災児育成所と命名することにした。「戦災孤児」といわないで「戦災児」とし、「収容所」としないで、「育成所」と称した。

その頃は終戦の年、昭和二〇年である。社会は混乱し、変動し、秩序も経済も、生活も見通しの立たぬ激動のさなかであった。ことに全滅の広島では、人が人を知らず、何がどこで始まるのか、何がなされているのかさっぱり様子が分からぬという状態であった。交通機関もなく、新聞もなかった。物資もなく、食糧もなかった。己斐町の電車終点によもぎをこねた餅のようなものを売る者があった。そこに数十人の人が行列して買う有様であった。一個五〇銭であった。物資はまだ統制のようであった。主食は勿論、味噌も醤油も皆統制であった。布一切れも、糸一ト筋も統制であった。必要な物資を入手しようとすれば、申請書を出して県等の許可を受け、統制会社にさらに交渉しなければならなかった。いろんな方面に必死に運動しなければ、数十人の食料品を調達することは不可能であった。

門柱にかかげられた標札。
「廣島戦災児育成所」とある

私はこの事業にたいする寄附は、初めから念頭に無かった。無かったということは、寄附は募集しないと決心した。私が孤児院方式を否定したその一つはこの事でもあった。寄附の募集をしないことにした他の理由は、寄附募集をすればいろいろとうるさい世評を受けねばならぬことを恐れたからである。日本人の寄附は、その事業について十分理解と認識をもって寄附するのではないのである。盲目的、無批判的、感情的、一時的におこなうのである。そして寄附の全額は少く、それにもかかわらずあたかもその事業はおのれの寄附で賄われているかのごとく慢心し、受納者にたいして、平身低頭を要求し、無限の悪評を浴びせて、時々それらの人を傷つけることさえおこなわれるのである。そのため、寄附を受けようとするものは、常に大衆に媚びへつらい、偽善を装い、表裏相違の言行をあえてしなければ、社会に存続することができないことが実情である。

私はそういう達人のような処世術は不得手とするのである。

私はこの事業は必死である。事なかれ主義で、この事業を永続し、この事業を職業とし、この事業で私の一家が生活しようとは寸毫も考えてはいない。

この事業は永久の事業ではない。十年すれば大半は成長する。いつまでも原爆孤児が年々発生するのではないのである。いわば短期決戦である。ことにこどもの魂は幼少の時に成否を決する。私はこどもの成長よりもこどもの魂を植え付けることに全力を傾注しようとするのである。食べさせることも容易でないが、食べさせさえすれば、放って置いてもこどもは大きくなるに違いない。その根性がどんなに卑しく植え付けられていても、どんなにひがんだひねくれた根性に歪められても、あさましい乞食根性が染みついても、手癖のわるいどろぼう根性にされてしまっても、外形的には少しもそれを区別し観破することはできないのである。こういう育て方をして平然と社会に顔を出すことは、いかに不徳な私でも、とうてい良心が許さないのである。私は私の信念に向かって遠慮ない経営をする積りである。

私は事業の宣伝をしようとは夢にも思わない。しかしある人が私に忠言して、事業のためには、事業を理解して貰うことが重要であるというその注意は私の脳裏に深く刻みつけられて忘れることが出来なかった。

こどものためには全力を注がねばならぬ。それがためには、事業そのものが、多くの説明を要しないように明かでなくてはならない。一々説明をして、やっと相手方に理解して貰うような悠長なことで、できるような場合でなかった。

端的に事業を示すため、多少名称があらわのようにも思われたが、私は広島戦災児育成所と命名した。そして一一月この門標を自分で執筆して、育成所の門柱にかかげたのであった。その後いろいろの物資申請その他に多くの便利を経験したことはいうまでもない。

資金

広島戦災児育成所の資金について、山下は次のように語っている。
私財を投じてもなお資金不足であったが、寄附を募らない方針をつらぬいた。

◆『育成の若干の記録』第五章

後に福祉三法ができて、施設の開始には若干の補助があるようになったが、昭和二〇年、二一年頃はそういうことは何んにも無かった。又、県、市町村などから補助をうけるというようなことは、一向に無案内であった。補助ということが、盛んになったのは、これもずうっと後のことであった。

有志の援助なども思いも及ばなかった。あの頃、全市一望の焼け野原で、家もなければ人もいなかった。わずかに周辺に残存している程度で、人の仕事を援助するなどということは夢想もできなかった。それどころか父があちこち借り歩いたりして工面してくれたようであった。それを支払うため、父は又残りの家を売却した。

一〇万円は当時、かなりの大金であった。しかし足りなかった。父には二度心配をかけた。二回目は五万円であった。この金で準備を開始した。準備は一〇、一一、一二月の三か月に及んだ。占拠した軍人グループの立退関係、所内畠地の毛上、疎開学童の負債支払、被服、寝具、食券、什器の買い入れ、食料の買い入れ、人件費等が主たる費用であった。米麦は闇で買わねばならなかった。統制が厳しかったので、人を使って内密に買わねばならなかった。

旭兵器の桑原君が三万円寄附した。戦時中私は旭兵器のため、いくらか尽力した因縁があった。桑原君は手腕卓越の人であったが、よく私の提案を採用して実行にうつした。三〇〇人の小工場から三〇〇〇人の大工場に躍進した。模範軍需工場として旭日の勢を示した。私は桑原君から謝礼を辞退したことがあった。終戦で会社は整理することになった。桑原君はけんめいに再起のために苦心中であった。この人には信念があった。「善いことをすれば幸福になる」ということを信じて居った。

私の育成所の計画をきき、老父が資金を心配したことを聞いて、桑原君は金を持って来た。老父の金と桑原君の金とを、育成所の準備室の床の間に置いて、同志の人々に見せたことがあった。桑原君は財団の監事として名を列ねた。

五日市町はよく協力してくれた。歴代の町長は理事として事業に参加した。町の誇りという気持ちで、わがことのように応援した。厚生主任は桂武夫君であった。血の気の多い元気な青年であった。土着の人で、佛教信者であった。育成所のために、ずいぶん尽力して貰った。生活援護費の支出は桂君の努力によるものであった。共同募金の配分にも、特別の計りをしてくれたのであった。不幸にして桂君は早世した。

生活保護法ができて、その補助を受けたのは昭和二一年であった。広島市から集団教育補助が出て、ほっとした。共同募金は昭和二四年からであった。その配分は小額であった。どうしても資金が足りなかった。どしどしと積極的に所内の建設をすすめ、ますます内容を充実するに従って経費は当然不足した。私は観音町の住宅を売却した。赤字の負債償却に充てた。寄附募集をしない方針は、遂に最後まで一貫した。ただ三件だけ例外があった。それは、市川猿之助一座の慈善興行、羽黒山一行の大相撲、広澤虎造一行の座長大会の三つだけは、寄附興行の名儀を快諾した。いづれも津村是義君の義侠によるものであった。相撲は楽々園であった。全員招待されて見物した。私は土俵に上って謝辞を述べた。力士十数名が育成所をたずねて来た。「これはわしらの微意です。」といって金壱封を置いて行った。私は一流のことしかしないときめた。これがこどもの気質にも影響した。たしかにこどもたちは品格を備えて来た。職員も誇りを持った。われわれは人の袖にはすがらない。自主独立である。さもしい、卑しい、何かを求める心は持たないということが皆んなのこころに徹底した。お世話になれば、御返礼した。外来のお医者さん、女の子の諸芸の先生方にもできるかぎり礼儀をつくした。買い物はすべて現金で買った。材料は良品を買うようにした。皆賀青物市が開かれた。女子の職員が買い出しに行った。「孤児院ならこれがよかろう。」といって、知らない人が野菜のくずを指した。育成所のことを知っている人がいて「失礼なことを言うな。ここの市の品なんかお気に入るもんか。近所に市が出来たので義理に来ておいでるんだ。上物でなきゃお買いにならないよ。こどもさんを大切になさるんでね。」と言ってたしなめた。集まっていた人が涙ぐんで謝罪ったと、その時の職員が報告した。すべてがこういう流儀であった。青年団や婦人会の方々が、慰問に来て、掃除や縫物などの奉仕をしてくれた。かならず茶菓を出し、あつくお礼を申し上げ、お弁当を食べられる時は、吸物など育成所の副食品を召し上って貰うことにした。八〇人も百人もの集団で、いつも眼につく汚らしさは履物である。履物には靴、雨靴、下駄、雨下駄、所内用外出用など合せると数百足の履物になる。無くなる、切れる、破れる、減損する、いつもこれを整備して置くことは大変である。ちゃんとした下駄箱をそれぞれ十分に備付けてやることが必要である。費用がなければ出来ることではない。経費をかけねば、こどもの躾も思うように出来るものではない。

多くの参観者が、われわれの自宅よりは良い。われわれの子よりも幸福であるというのである。この言葉の裏をかえせば、「贅沢だ。」とやや非難めいた気持ちがひそんでいたことは事実である。無理もないことである。誰も食べることが精一杯の時である。その食べることさえ十分でない時である。その時に衣、食、住を十分にあたえる。むしろ十分以上にあたえる。世間が「贅沢すぎる。」と少々、うれしくもあり、羨ましくもあり、チト皮肉って置きたい気持ちになるのは無理も無いことである。これも実は「気の毒なこどもらを、よくぞこんなに贅沢にまで護って下さるとは、ありがたい。」という人々の善意のよろこびの表現でもあるわけだ。

広島の戦災児

広島戦災児育成所は原爆が投下された年の昭和二〇（一九四五）年一二月一三日に開設された。育成所は史上はじめて原爆投下が投下された地の広島において、原爆により孤児となったこども達のための施設であることから、大変注目された。被爆からかなり早い時期の開設であったこと、しかも一民間人により開設されたことも注目された点であった。そのうえ、開設された施設は、運営が非常にユニークであったことなどで、さまざまなメディアに繰り返し紹介された。次の「現地報告」は、社会事業関係誌が比較的早い時期に育成所を紹介した記事である。

◆「廣島の戦災児（三野生）」（『社会事業』第二九巻七号、昭和二一年、一三頁）

廣島の戦災児達はどうなって居るだらう。これは誰しも考へることである。原子爆弾による多くの戦災児達は、今幸福な愛の手で育成されている。それも国や公共団体の手ではなく一個人の愛情から生れた事業として発足した育成所で温く保護されている。

本年六月ラヂオで放送された最優秀な施設「廣島戦災児育成所」がそれである。

収容児の種類　原子爆弾生き残りの孤児、疎開学童の孤児、浮浪孤児、貧困児の四種類の児童を収容し年齢は二歳から十五歳まで約八十名である。平均年齢は一〇・六四歳、収容児の多くは原爆症、栄養失調症、集団症で療養に忙しい。浮浪児も浮浪期間が割合に浅く、早く安定させることが出来た。一度縁故者に引取られたが成り行がおもわしくなく収容を依頼されたものが十名位居る。廣島の災害特徴として兄妹孤児が十四組もある。

原爆後の広島では二日後に比治山国民学校に孤児など迷子収容所が設置され、育成所は、それを引き継ぐ施設であり、原爆で傷ついたこどもを多く受け入れた。そしてこれとは性格がやや異なる集団疎開中に親を失ったこどもを受け入れる施設「集団教育合宿所」でもあって、施設内で学校教育をおこなうことが期待された施設であった。

広島市内あるいは近郊には原爆孤児あるいは引き揚げ孤児のための施設として、翌年一九四六年九月に似島に広島県戦災児教育所似島学園が開設された。その後、広島新生学園（一九四七年四月開設）、光の園摂理の家（一九四七年八月開設）、広島修道院（一九四八年四月に戦前からの活動を再開）、六方学園（一九四九年一月開設）がこども達を収容した。山下の育成所は、これらの施設と比べても早い時期の開所であり常に注目された。民間人の山下が私財を提供して強力に開所にこぎつけ、山下本人が類まれな指導力を発揮して独特な施設運営のもとにこども達を育成したことも注目された大きな理由であろう。

地元保育関係者からは、「五日市に山下義信さんが戦災孤児の収容施設として五日市育成所を創設し、上栗さんが基町に引き揚げ者と戦災孤児の施設として新生学園をつくられて、当時二つの星でした。」（『三十五周年記念誌』広島県保育連盟連合会35周年記念誌作成委員会編、一九八五年、二六頁）と高く評価される施設となった。

（「広島新生学園」と園長の上栗頼登については、たとえば紙中礼子『翔べ　太陽の子供たち』鳥影社、一九九七年参照）

Ⅲ・「広島戦災児育成所」の日々

「山下家文書」は、山下義信が、いかに書類や文書を大切にしたかを物語っている。ただ、山下に、記録を後世に残さなければという意識が最初からあったかは定かではない。どちらかといえば、広島戦災児育成所の理想的な運営を目指したための結果ではないかと思われる。

育成所では、開所当時から職員にさまざまな記録や報告を要求した。その代表的なものが日誌である。職員はそれぞれ担当の日誌をつけ、山下はそれをこまめに点検して、ところどころに丁寧な所感を書き込んでいる。

日誌は、『育成所日誌』、『保育日誌』、『寄宿舎日誌』、『炊事日誌』、『家庭日誌』、『被服日誌』、『衛生日誌』など、時期によって異なるが二〇種類近くにのぼる。

基本的には事務日誌であるが、どのような姿勢で育成所が運営されていたか、そして育成所の日々の生活がどのようなものであったかを、具体的にうかがい知ることのできる貴重な資料である。

「育成所活動記録」

育成所の始まりから、約一年間の主な行事や活動は、次のようであった。
日付はじめ記載内容は謄写版刷りで、かなり不鮮明であるが、ここで掲げておきたい。

◆『広島戦災児育成所要覧』（昭和二二年八月）

昭和二〇年

一二月　広島県山内北村より集団疎開児童七名初入所
（月日不明）広島市比治山国民学校より児童一六名入所（第一回）
（月日不明）広島県三良坂町より集団疎開児童二三名入所
（月不明）六日　毎月六日を児童父兄の命日と定め法要を営む事とす
（月不明）一九日　開所式挙行、毎月一九日を開所記念日と定む
（月日不明）広島市比治山国民学校より児童一七名入所（第二回）
（月日不明）広島市会議員七名視察来所
（月日不明）楠瀬広島県知事視察来所
（月日不明）第一回本所児童卒業式挙行

〔月日不明〕　所内にて広島教区僧侶大会開催
〔月日不明〕　戦災者追善法要執行
〔月日不明〕　新学令児六名の入学式挙行

昭和二二年

〔月不明〕六日　児童父兄命日につき〔月命日〕焼け跡参拝
〔月日不明〕　花祭り学芸会
〔月日不明〕　財団法人設立協議会
〔月日不明〕　大谷法主猊下御来所
〔月不明〕二・三日　所内にて広島別院主催農繁期託児講習会開催
〔月不明〕五・六日　仏教大講演会開催
〔月不明〕一八〜一九日　仏教青年講習会開催
七月一二日　広島県豊田郡小谷村開拓協議会開催
　一五日　財団法人設立許可申請
　二一日　第二回小谷村開拓協議会開催
八月六日　財団法人設立許可さる
　六日　原爆一周忌、児童全員広島市中島本町供養塔参拝
八月七日　第三回小谷村開拓協議会（於小谷村）

八日　二週間にわたりサマーライフとし内海島廻りキャンピング僧堂生活等数次に分かれおこなう

一一日　学友館落成（建坪一一・五坪）

二七日　第一回評議員会開催

九月六日　所内にて広島県下青年学校長会議開催

一〇日　財団法人、設立登記完了

一五日　本派本願寺指定事業となり補助〔□□□〕の交附を受く

一八日　小谷村開拓地現地視察

一〇月一二日　児童五日市国民学校運動会に招待を受く

一七日　建築中の食堂及渡廊下落成（建坪二五・五坪）

二二日　建築中の青葉寮落成（建坪七・七五坪）

三〇日　ララ代表委員ローズ女史来所視察

一一月一日　広島市旭劇場にて市川猿之助義損大興行を行う

五日　秋季運動会開催

一五日　浅野侯夫妻来所

一五日　西本願寺に於て児童五名得度す

二〇日　秋季遠足挙行

一二月七日　海田市進駐軍将校以下三名来所視察
一〇日　所内にて県農業青年連盟農地法研究会開催
一五～一六日　宗祖報恩講を小山法城和上を迎え営む
二二日　建築中の物置落成（建坪六坪）
二四日　第一回ララ物資（食糧）受給す
二五日　開所一周年記念式挙行
二七日　双葉寮落成（建坪一二坪）

『衛生日誌』

こども達の健康には、細心の注意が払われていたため、「日誌」類のなかで比較的早くから詳しく記載されたのが『衛生日誌』である。

ひとりひとりの記録カードもあるが、それとは別に『衛生日誌』と名づけた日誌は毎日記載され、次の記載内容を見ることができる。

◆『衛生日誌』昭和二一年三月

三月一日　金曜日　晴

洗眼　二四名

保護児童内服　八名

検便　一〇名内蛔虫卵（＋）五名

マクニン内服　一〇名

松村委員　出勤

三月二日　土曜日　雨

洗眼　二八名
保護児童内服　八名
マクニン内服　九名
外傷処置　五名

三月三日　日曜日　晴

洗眼　三〇名

昭和二十一年一月十六日　（二）

孤兒の天國

日一日と輝く笑顔

お八ッに牛乳・菓子など配給

戰災兒育成所を訪ふ

『中国新聞』1946（昭和21）年1月16日
「ここは孤児達の天国である。現在31名の幼い魂が所長山下氏ほか多数の人々の温かい庇護の下に、久しく忘れていた愛情の息吹を感じながら…日一日をとり返している」などのほか、園での生活が事細かに記されている

保護児童内服　七名
マクニン内服　七名
外傷処置　五名
耳の処置　一名
投薬　二名
松林　出勤

三月四日　月曜日　晴

洗眼　二八名
保護児童内服　七名
マクニン内服　一名
外傷処置　六名
耳の処置　二名
投薬　二名
注射　一名

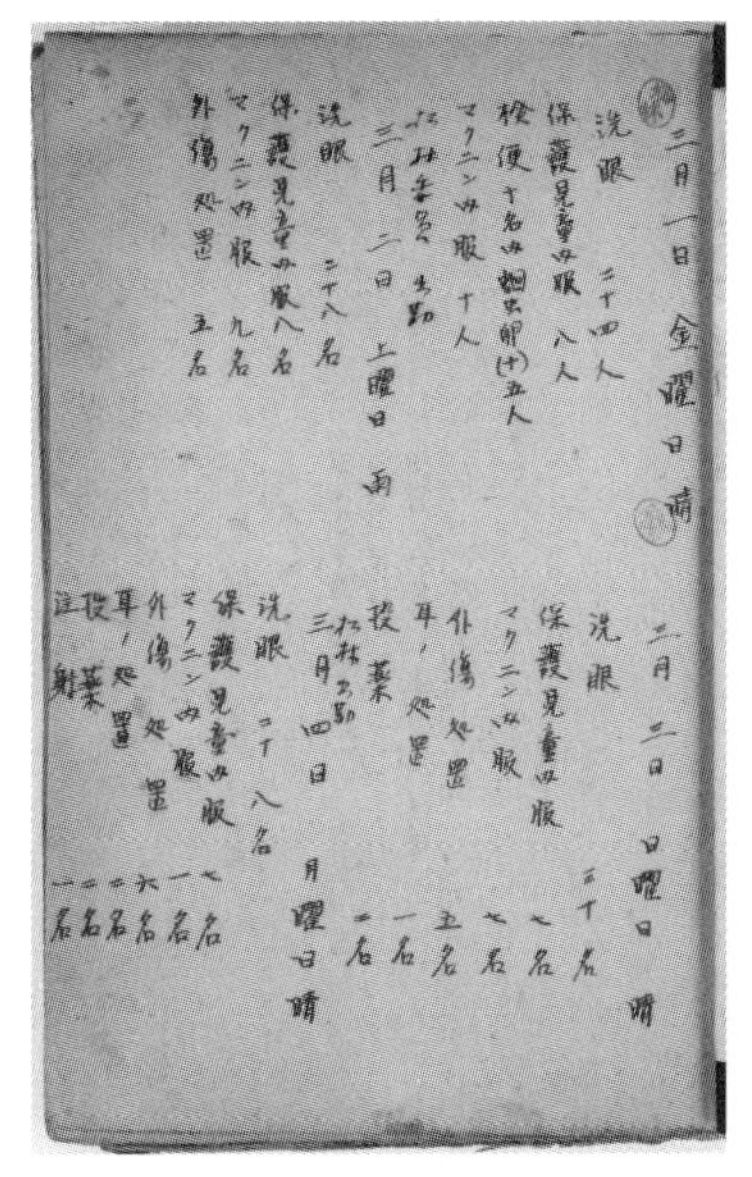

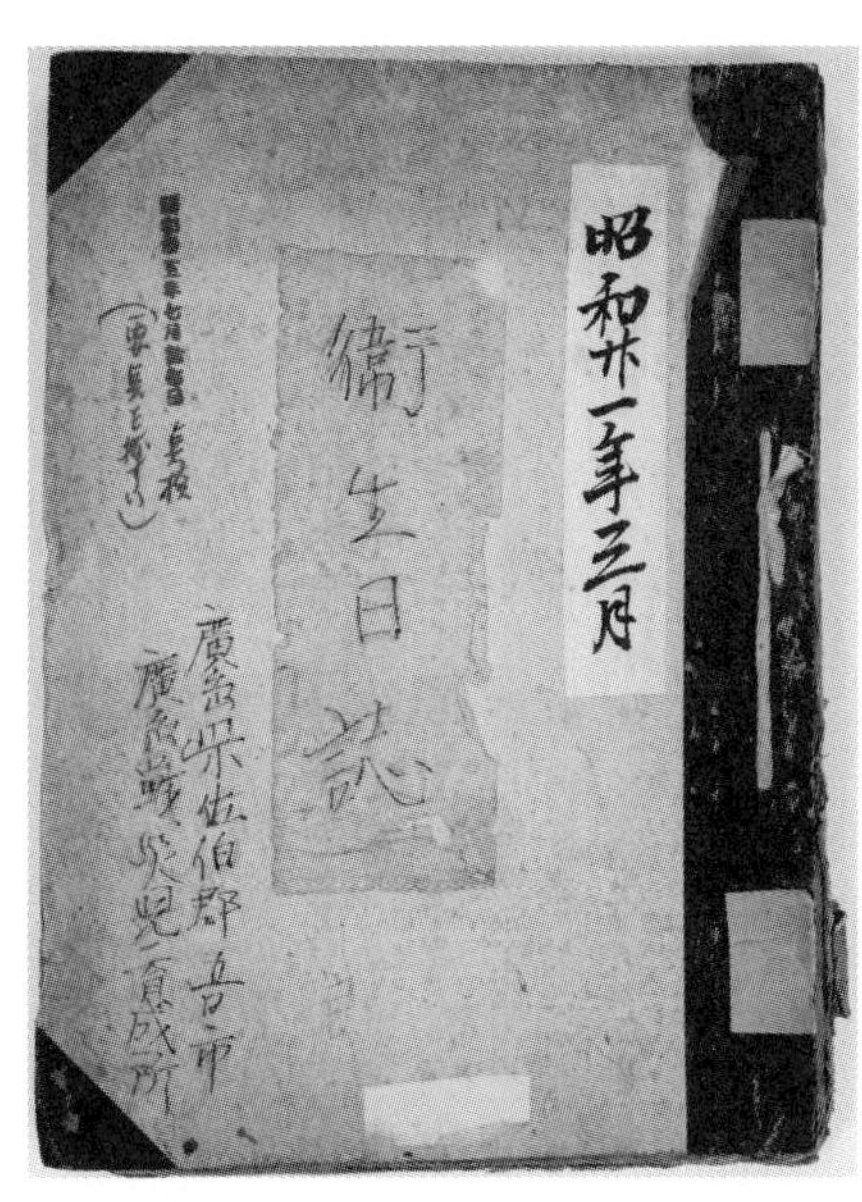

昭和 21 年 3 月『衛生日誌』

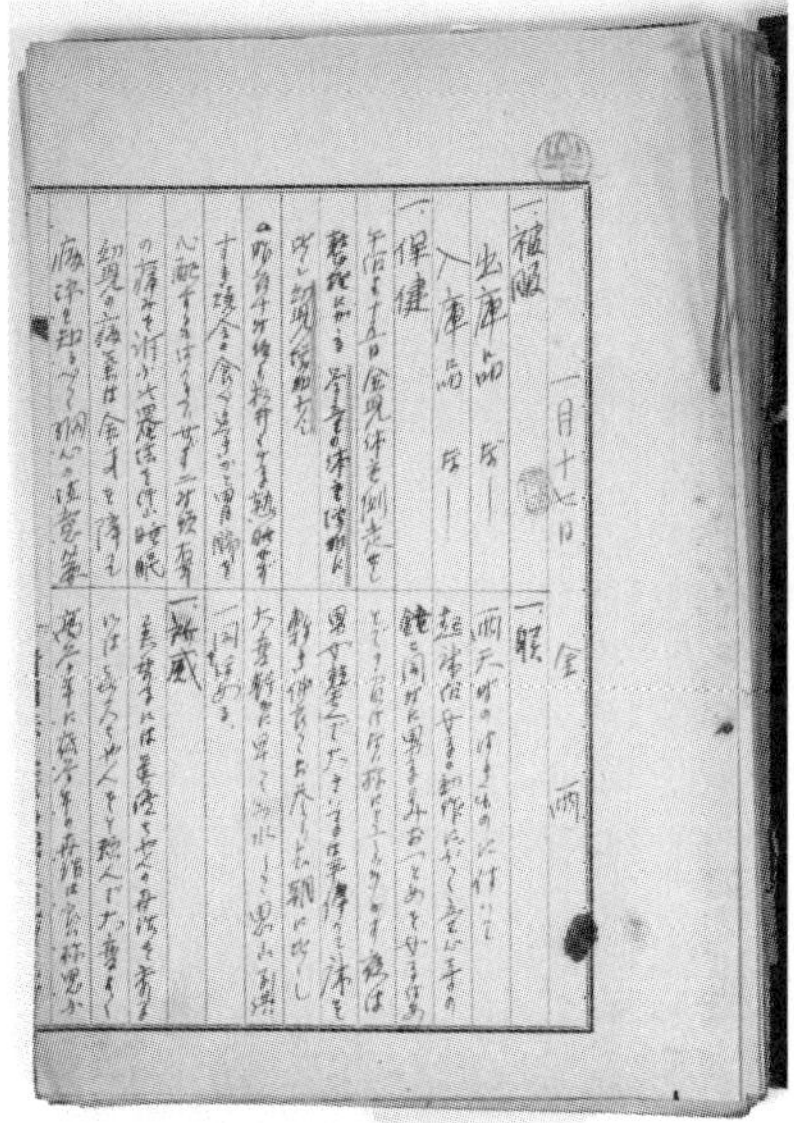

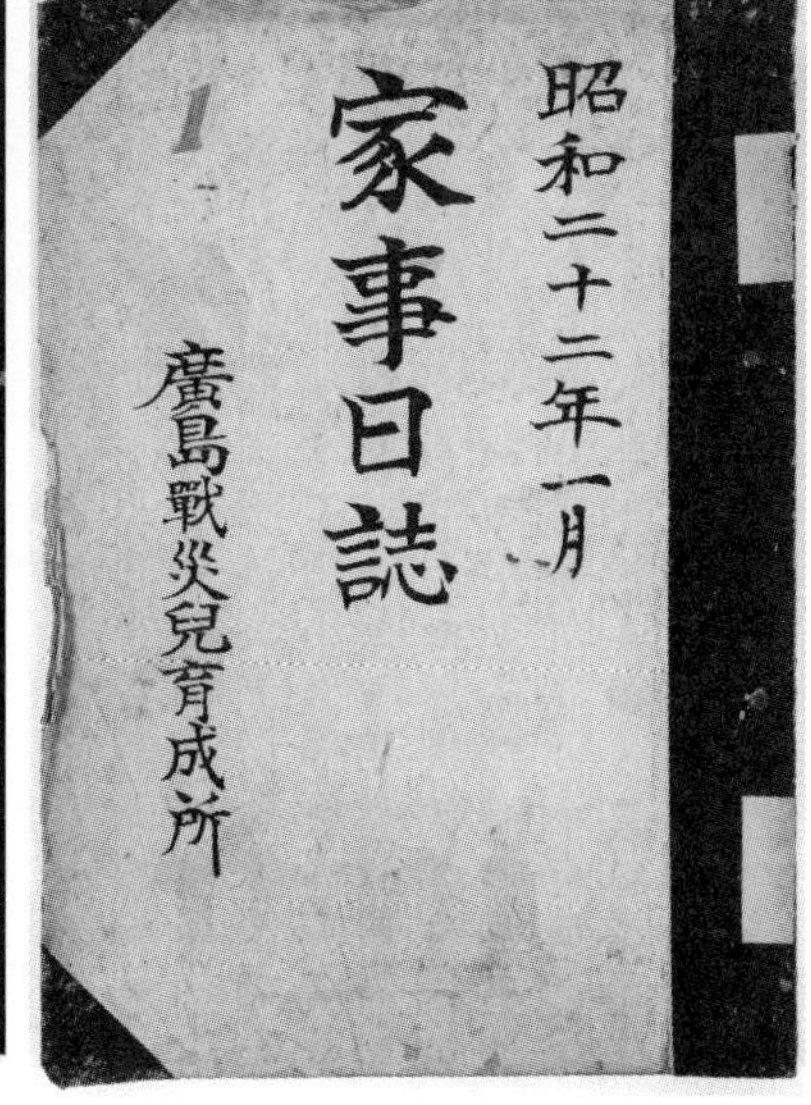

昭和 22 年 1 月『家事日誌』

戦慄の健康状態

広島戦災児育成所のこども達の健康状態は『衛生日誌』はじめ日誌類各所で綴られている。開設した医務室での治療や所外医院への通院に関する記載が多い。

◆『育成の若干の記録』第二九章

昭和二〇年冬、育成所へ入ったこども達の健康は実に気遣わしい状態である。悉く栄養不良であった。その上全員というほど結膜炎であった。洗眼を一生懸命つづけた。容易に治らなかった。草津町の伊藤眼科で調べて貰ったところで肺炎菌性のものと分かって、伊藤先生に専門的治療をしてもらうことにした。松林博士と佐々木越子看護婦は必死の努力をつづけた。

皆んなに虱がわいて居った。女の子には頭髪の中にゾロゾロといる有様であった。

松林君は電話室のようなものがあったので、ここで硫黄を燻べて、衣類などを入れて密閉し、蒸殺しようと再三やってみたが駄目であった。職員も私も一っぱい虱がとりついた。入浴の都度、じゅばんなどの虱をとるのがひと仕事であった。熱湯で何べんも何べんも下着類を洗って、取りかえるより方法はなかった。これをくりかえしくりかえし厳重に実行した。こども達の下着類が沢山に必要であった。厳寒の冬期であった。ＤＤＴのような駆虫剤はなかった。実に困難で悩ましい虱退治の努力がつづけられた。約一か月の後、やっと虱がいなくなった。このような育成所だけではなかった。その頃、全国いたるところ、蚤や虱が横行して、戦後の不衛生が暴露していた。不健康きわまる上に、こういう不衛生のありさま、その上、疾病のこどもも少なくはなかった。

この事業の開設には、医師を要すると考えた私の考えは間違いなかった。松林博士を協力者に得たことは幸いであった。佐々木看護婦もよく奮斗した。医務室をすぐ作った。それからずうっと、衛生関係の仕事は重要であると力をつくした。

一〇年近くの間、重病人も一人の死亡者も出なかった。衛生保健に努力した結果である。玉垣医師、今中医師は主治医として協力して貰った。楽々園の鞠池太郎薬剤師は、薬局を整備して下され、薬品をいつも無料で寄贈して下さった。その方々のお蔭で、このこども達の生命は、健やかにのびることが出来たのである。

(中略)

衛生日誌は数部保存されてある。その中から、処々抜すいすることとした。

保健衛生の斗いは続く

衛生日誌には

一、年月日、曜日、天候

一、処置、手当、患者、衛生状況
一、感想
が記入されている。昭和二一年五月の日誌の感想欄からその一部を抜すいする。

一、こども達の身体、荷物、室内にＤＤＴを散布する。午後雨の中、地御前青年団来所、慰問の音楽をなさる。それを聞きながら、こどもらの「爪きり」をする。
季節の関係か、みんな指の疥癬が化膿している。見た目には大変痛そうなのに、こども達は案外平気で呼んでも医務室に中々来ない。今少しこども達にも衛生思想を植えつけねばならない。（五月一二日）
一、田中女医先生来所、六名受診。下野ユキこの間から嘔吐腹痛があるので検便の結果、蛔虫であった。まだまだ外のこどもにも多いと思うので、全児童の検便をすることにした。（五月一三日）
一、近頃男子職員で胸痛を訴える人がある。疲労と不眠の結果と思うが処置薬も十分なく、気の毒である。牛乳五合買い入れて、加給してはどうでしょうか。（五月一七日）

これにたいし私は、日誌の中に次のように答えた。

概ね原因は、栄養関係と思う。しかし、今所内の副食物は、所外では得難いものばかりで、又主食も配給量以上である。外に行倒れが続出している。この現状をいかに見るか。この飢餓の中にあって、われわれ職員が、乏しくとも、こどもらと共に食事をいただいていることは、感戴の外はないのである。しかも食糧の大半は寄贈品である。もし各々が自炊するとすれば、一人一か月五〇〇円では、現在の如き食事は口には入らないのである。その上、他と比較すると、少なくないお手当を頂いている。それでも尚真剣にならぬ職員があったら、寺岡君、君はどう思うか。自分も非常に健康を害し、夜も碌々安眠し得ないのであるが、これでよいと思う。われわれは決死である。死んでも本望と思っている。私だけではなく、男子職員は生死を賭している。真剣である。よく、私について来てくれている。

こども達は尚痩せている。それにわれわれが肥えるということはできない。育成所には一匹の寄生虫もいてはならない。医務室は、こども達の病気＝眼病や、疹癬が一日も早く快くなるよう努力してくれ給え。職員への心遣いはよく分かるが、こども達を先ずたのむ。われわれにはわれわれの決意がある。（五月一八日）

所内のこども達の様子（食事）

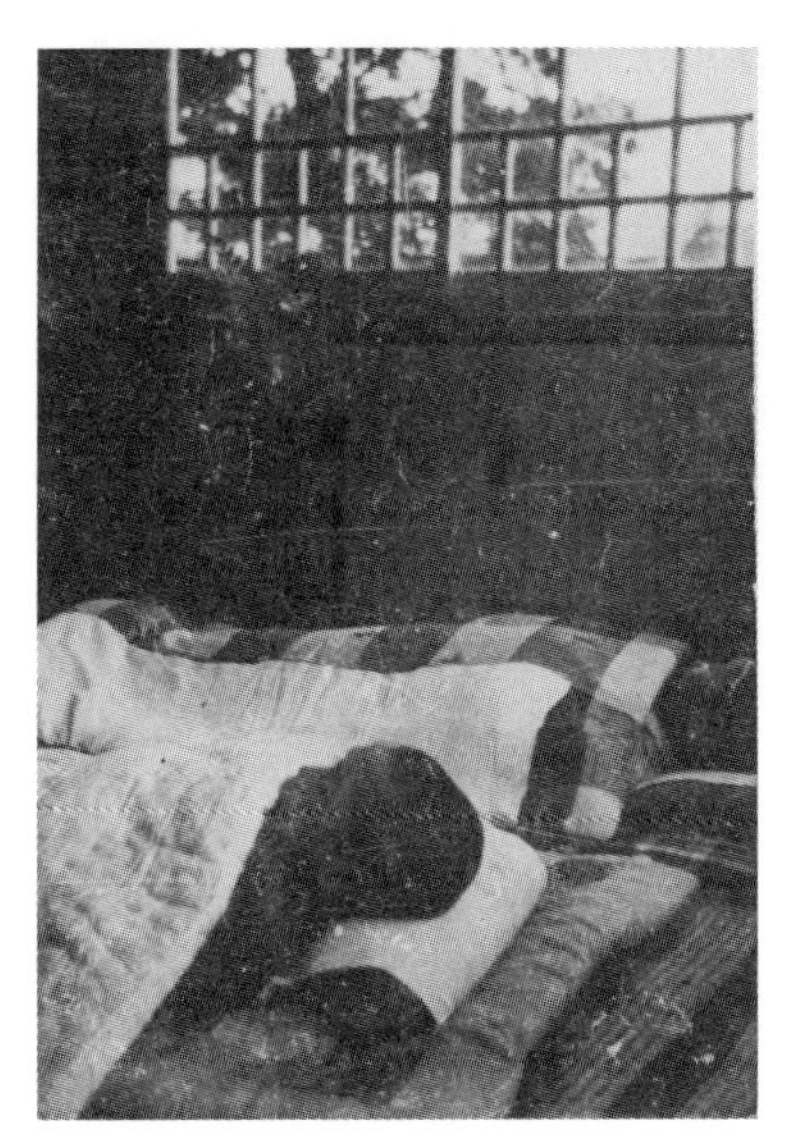
所内のこども達の様子（昼寝）

『保育日誌』

『保育日誌』と名づけられた日誌は、治療報告だけではなく、児童の栄養状況、活動動向も記載された。『衛生日誌』とともに早くから、保育状況や健康状態が綴られ、次のような内容であった。

◆『保育日誌』昭和二一年三月

三月二三日

行事　眼病撲滅週間三日目
保育状況　下駄を揃える事・お団子の作り方・ものぐさ太郎のお話
　手技：輪つなぎ
　唱歌遊戯：どの玉つなご
病児名　康雄ちゃん
病名　腟内炎
手当状況　うがい
眼病者　七名　洗眼三回
間食　朝＝保母手製の団子　午後＝牛乳・団子

感想　朝から雨降りで幼児達泣く子が多かったが、午前一〇時斗桝先生　事務室の先生方の御心配で米粉五袋戴いたのでさっそく幼児と一緒に団子作りを成す。幼児達大喜びで始めから終わりまで邪魔になる程良く手伝う。うれしいのでいつの間にか雨の降って居る事を忘れて居た。幼児には嬉しい仕事を与える事が生活訓練、しつけ、観察、談話となって現れ、素直なこどもになり色々教えられる。眼病撲滅週間三日目で段々眼病者が良くなって行くので嬉しい。朝から晩まで、晩から朝まで目が廻る様に忙しい。思う事（予定案）の半分も出来ないのが残念だ。
其の他　二名の身上調査表提出

三月二四日

行事　眼病撲滅週間四日目
保育状況　生活訓練：下駄を揃える事
観察：おむすび
談話：おむすびころりん
手技：輪つなぎ・室内装飾
唱歌遊戯：玉つなぎ・うさぎの学校
其の他：うそをつかないお約束
病児名　康雄ちゃん

病名　腟内炎
手当状況　うがい、佐々木先生と医者に行く。
眼病者　七名
洗眼　三回
間食、食事　朝＝野菜汁　昼＝おむすび・大根の煮付・だんご・牛乳　夕＝野菜のだんご汁
感想　下駄を揃える事、朝から五回、下駄の不揃いの時を見ては実行した。

幼児の生活訓練は反覆練習するより他に仕方がない。反覆練習をしておこなううちに習性となって行く。何分小さな幼児の事とて口で教えるだけで実行の無い反覆練習であっては何のやくにもたたない。長い長い月日を楽しみにうまずたゆまず訓練する必要がある。三つ子の魂百まで、一生の性質は学校に上がるまでの七、八歳の頃までにどうにか出来上がる。草で言えば幼児期は根の様なものである。地味な仕事であるがそれだけに幼児の保育はしがいのある楽しいものである。昼食のおむすび大きなのが二つ。

「活気横溢」

育成所開設当初、毎日マスコミの対応に追われた。

山下義信とマスコミとの関係が良好であったことは、本書巻末の「新聞記事・雑誌一覧」からも推測できるであろう。

◆『育成の若干の記録』第一八章

昭和二一年四月、五月は開設半歳を経過した頃であった。ジャーナリズムは毎日のように育成所の記事を書いた。今日でいえば、マスコミの王者といった形である。こちらから売名宣伝を依頼したことは無かった。各社が取材の競争に来るという風であった。森君も松村保母も、説明になれて、適切かつ真実を話すことが出来た。説明よりも眼前の事実が一歩先んじて居たのである。日々多数の慰問者や参観人を迎えた。「ここは見世物ではありませんから」と、参観のための参観はお断りした。「縦覧謝絶」の掲示をした。所内は活気が横溢した。職員もこどもも大多忙であった。どんどんと数か所に工事が始まって居る。青年や学生が奉仕して鍬をふるっている。婦人団がおせんたくやふとんの縫いかえで右往左往して居られる。その間にこども達の日課がおこなわれて行く。皆んなが小走りで走っている。ぼんやりとしている者は一人もない。職員は優秀な者が揃っている。それが丁寧に応対する。外来者には心から感謝の念で接する。こども達も生き生きとして晴れ晴れとしている。好評晴々である。やはり奮斗努力でなくてはならぬ。因果の道理である。こどもへの同情と好感は高まるばかりである。育成所は模範を目ざして邁進するといった体制である。こども達にも受持を分担させた。忙しい目に会わせることにした。遊んでいる者のないようにした。こども達は面白がって、むしろ誇りをもって働いた。所内が火のように燃え上って来た。こういうふんいきは、ともすれば気の弱いこどもになりそうな育成所の児童をして、奮斗努力の精神を身につけさせることが出来た。私はかねてから聞いたのである。「こどもは親の言うことは聞かぬが、親のすることは見習うものである」と。こどもに説教は禁物である。私は時々は何か一と言、かれらの頭に残るようなことは言うが、皆を集めて訓示めいたことや、お説教はいったことがなかった。

こういう盛り上りの時にこそ、われわれは深く省みて修養に励まねばならぬというので、私も職員も、できるかぎりの修養に励んだ。プリントに示すとおりである。

私一人が独走しても百害あって一利がない。職員と一緒でなくてはならない。職員の希望も意見も聞かねばならぬ。職員も意見をどしどしと開陳した。ずいぶん耳に痛いところがあった。

寄附金品の出入は益々に厳格に取扱った。しばしばこれを寄附者に報告した。昭和二一年七月二七日には、地元の方を招いて謝恩会を開いた。宴に和気あいあいたる風景を現出した。地元と育成所と、地元の皆さんとこども達とは全く一家一族となって互いにいたわり合い、互いに感謝し合い、信頼し合った。この勢いで、育成所の建設は大幅に飛躍した。

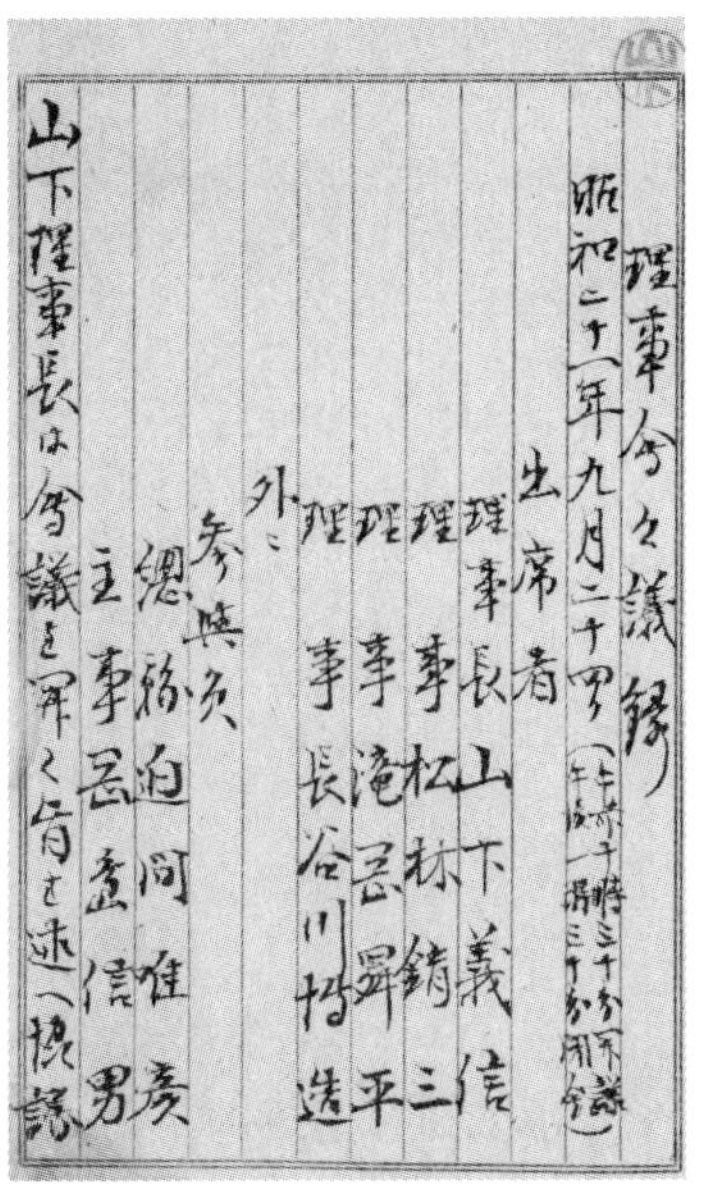
理事会々議録
昭和二十一年九月二十四日
出席者
理事長 山下義信
理事 松林錆三
理事 滝岡昇平
理事 長谷川恒造
外に
参与
総務 迫間唯彦
主事 岡島信男
山下理事長は会議を開く旨を述へ協議

『理事会会議録』(昭和21年9月24日)
理事長に山下義信、理事に松林錆三、滝岡昇平、長谷川恒造、参与に総務の迫間唯彦、主事の岡島信男が名を連ねている

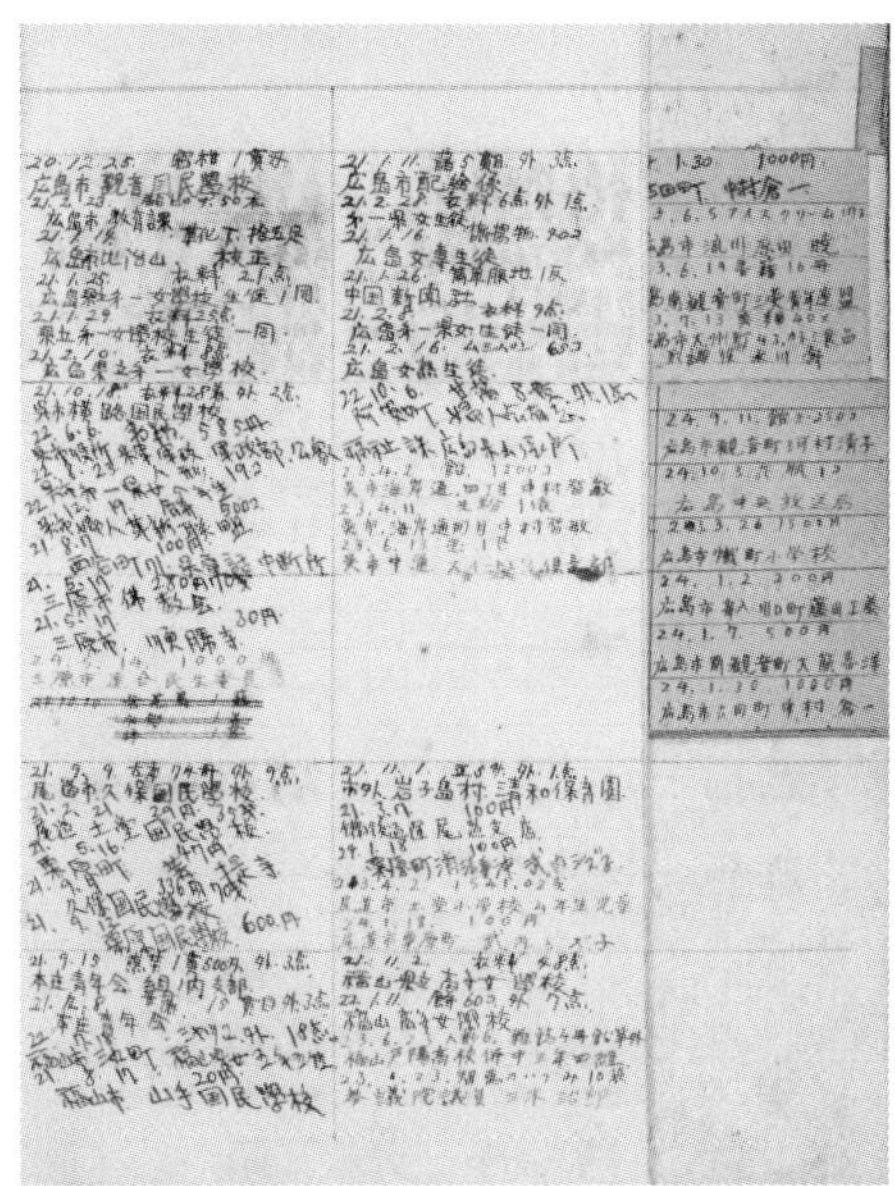
『熱援名簿』

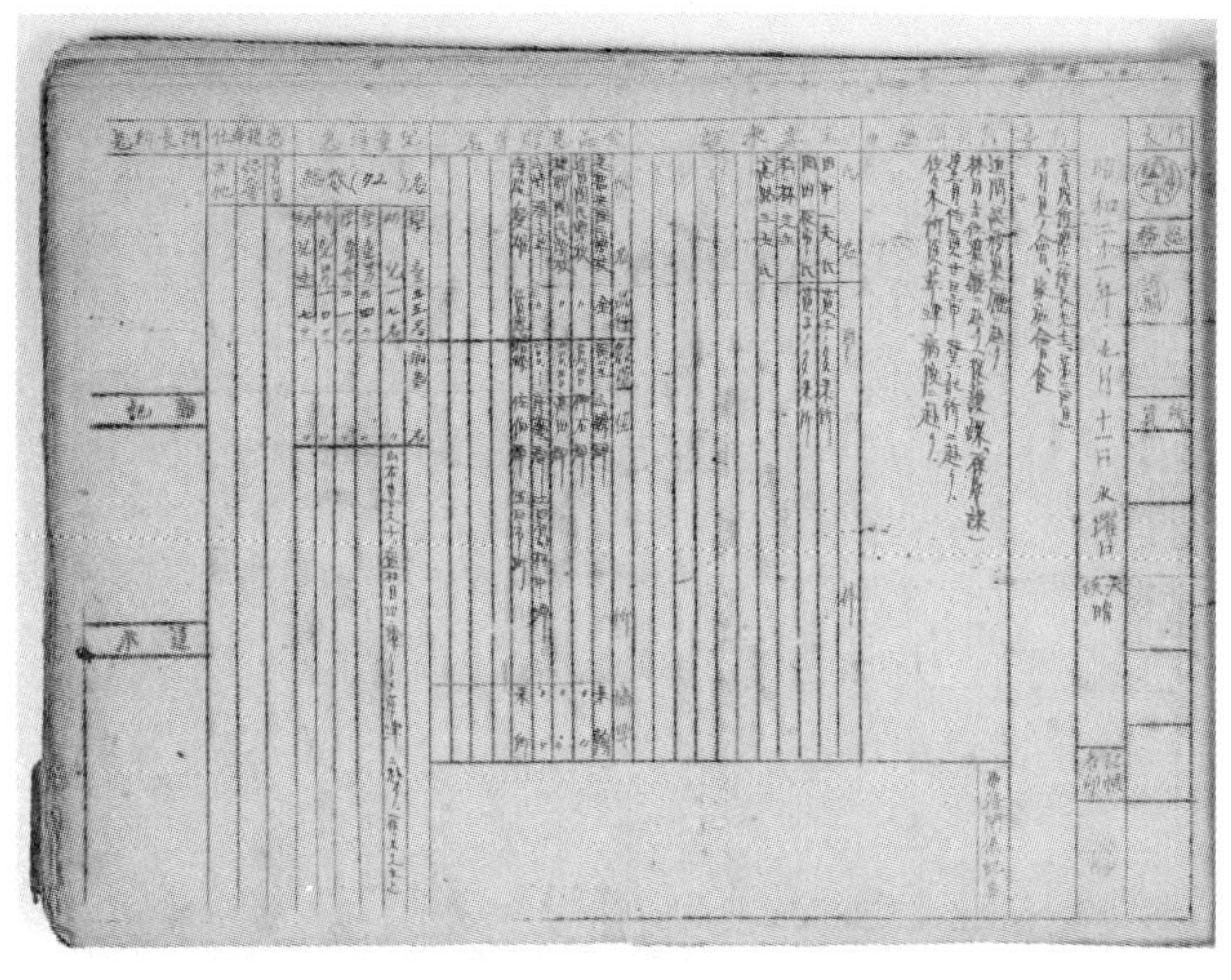
『日誌』(昭和21年9月11日)

職員

職員の斗桝良江は、比治山国民学校教員であった。夫とともに職員として育成所開所当時から児童に関わった。教え子の多くを原爆で失い、自らも被爆したが、育成所の開所当初を、次のように回想した。

開所時には職員あるいは奉仕者により、「日誌」が記載された。

◆『日誌』（斗桝良江記）

〔開所当時〕はじめはさびしそうなこども達をどうしたら慰めることが出来るか、どうしたら元気を出させることが出来るかと、そればかりを考えた。

夜など一堂に集まって歌を歌ったり、レクレーションをして気分を引きたたせようとした。しかし、その時はさびしさを忘れてほがらかにしているけれども、すんでしまえば、ただ空しさだけが心に残っているようであった。

こどもらの前途には、いばらの道がつづいている。このいばらの道を切り開いて、進みやすくしてやることが本当の愛であろうか。

こども達が悲観のどん底から悲しささびしさに耐えて、自らの力ではい上がってくれることを切望した。

お骨拾い

四月のある日、こども達はおのおの自分の家の焼け跡を訪ねることになった。だいたい地域別に三班に分かれた。

私達は、井上みちこ、大黒美都子、繁子姉妹を伴って出かけた。町名を忘れてしまったが、どこまでも瓦礫の町がつづいて、住む人はごく僅かだった。ところどころ水道の水が噴き出していた。道はだいぶん片づいていたので、さすがにこども達はよくおぼえていた。

「この小路を入って何軒目だったから、ああここです。ここです。」と、なつかしそうにあたりを見廻し、早速お骨はないかと探しはじめた。井上さんは、お父さんと二人暮らしであった。お骨が出て来た。ねまきの焼け残りも出て来たのでお父さんの遺骨とわかった。大黒さんの方もすぐ見つかった。

用意して来た箱に入れた。焼け跡に花を供え、みんなで拝んでから、そこを後にした。

脱走

籠の鳥は籠の中に居さえすれば、餌も水も与えられ、危険にさらされることもない。しかし、それに満足せず、外はもっと自由な世界があると思ってとび出す。

こどもらもそんな気持ちなのか、脱走者が相ついで出た。居ないということは食事の時にわかった。わかるとすぐ職員が宮島方面と、広島方面の二手に別れて探しにいった。運よく見つかって、連れて帰ることもあったが、殆どは行方がわからなかった。

ある時は、二人で夜の脱走を計画し、事務所の金や倉庫の食料品などを持ち出したこともあった。

個別指導

戦争によって家を失い、両親を失ったこどもらの心の中には、大きな空洞が出来、他からどんな手がさしのべられても、容易にみたすことの出来ないものであった。

向学心など要求するさえ苛酷と思われた。しかし、私達はどうかして一日も早く立ち直ってくれることを望んだ。どうしたらこどもらをなぐさめることが出来るか、どうしたら勉強しようとする意欲が湧くだろうかと、毎夜のように職員会議が続いた。

そして、主人の発案によって、朗読、漢字、計算力のテストを、随時個人別におこなうこととした。朗読は自分で練習して自信がついたら、好きな時やって来て、先生に聞いてもらう。良かったら合格の印を押してもらい、次に進む。

漢字、計算力は、何段階にも分けてテスト用紙が印刷してあって、程度の低いものからやって、出来ればいくらでも上のテストを受けられるようにした。

これは、割合、こどもの競争心をあおったようで、よろこんでテストを受けていた。

運動会

秋日和の一日、育成所の中庭で運動会がおこなわれた。職員も交じって、かけっこ、二人三脚、置きか

教室風景

育成所入口で職員達

育成所入口で、こども達

え競争などをした。また、マラソンもした。女の子は遊戯をした。全員で村祭を踊った。（中略）
所長さんも、平常よりしっかり食べさせてやってくれといわれて、こどもらも大よろこびだった。

遠足

明日は遠足というので、炊事の人たちは弁当作りに忙しい。こどもらの好きそうな卵やき、煮豆、てんぷらなど、物資の少い時なのに、いろいろと考えて作られたおかずを、夜おそくまで折箱に詰めておられる。普通の家庭では、これだけのご馳走は出来ないだろうと思われる。

所長さんはじめ、職員の方々のご苦労がうかがえる。

食べる時間は二〇分もかからないのに、これを作るために要する時間と労力、そして心配はなかなかではない。

このことを、こども達にもよく知らさねばならないと思った。

明くる日、一日を楽々園に遊んだ。

お月見

いつも腹一ぱい食べさせてやるという事が出来ないから、今夜だけは、とにかく腹一ぱい食べさせてやってくれとの、所長さんのお達しで、夕食はいろいろとご馳走して下さった上に、こどもらの作ったさつまいもを、たくさんふかしていただいた。

こどもたちは、歌ったり、踊ったり、レクレーションに楽しい一ッ時を過ごした。

野炊き

所長さんが、どこからか牛肉を求めて来られた。牛肉など、近来見たこともない貴重品だった。今日の夕食は野炊きという事になった。

各母親を中心としたいくつかのグループに、牛肉・野菜・鍋・食器などが配られた。こども達のはしゃぎ方は大変なものである。男の子は薪集めをする者、丘の上を走り廻って場所を探す者、女の子は鍋や野菜を洗う者、野菜を切る者、やがて鍋のものは煮えたらしく、あちらでもこちらでも夕食がはじめられ、丘の上はほがらかな笑い声に満ちあふれた。

八月六日

昭和二一（一九四六）年八月六日、「原爆の日」については次のような『日誌』が綴られた。書き手は、職員ではない。県立広島女子専門学校国語科三年生菊池み津子であった。女専の夏休みを利用して育成所で七月から九月にかけて七五日の間、職員並みの仕事ぶりで奉仕活動に従事し、活動報告としてまとめたものである。

山下は、のちの昭和四二（一九六七）年、解説を加えて編集し、『菊池女子大学生』と題して出版した。

◆『日誌』昭和二一年八月

八月六日（火曜日）（原爆の日）晴

忘れられぬ日がめぐって来た。

こども達の、お父さん、お母さん、兄弟、そして広島の何十万の方々が、尊い犠牲となられた日である。

朝から、胸が重い。こども達の胸の中は、どんなであろうと思う。

七時前に、おぢいちゃんはじめみんな、広島の供養塔に、おまいりする。参拝していると、沢山そばにいられる小母さん方が、さめざめと泣かれて、

「元気で、しっかり、勉強しなさいよ。大きくなりなさいよ」

と口々にいわれる。御同情は有難い。

しかし、それは、一時の感激にしかすぎない。こどもを育てるものは、感傷的な感激を押え、強く育てねばならぬ。そして環境の大事なことを、つくづく思わせられる。単なる多くの人々のすむ所には、よりどころはないのである。

中国産業展覧会を見る。自主的なものを失うて、ただ、こびるような、上調子な物のみが飾られて、悲しかった。

帰途、所長先生より、「君達は、こどもに対する愛のまことが少い」とおさとしをいただく。申しわけなく思う。迫間先生に申し上げると「いて下さい」と申される。そして「捨石的な存在となりたいのですね」とおっしゃった。

派手にこどもに接しなければ、つくしているような気がしないのは、私共の考え方が、浅薄であったのである。地味に、小さな仕事を、一つ一つ仕上げてゆけばよい。私共は、捨石となりたいものである。

夜、石川君と、昨年八月六日の思い出をかたる。財団法人の認可下りる。

『日誌』

職員が毎日の育成報告として綴った『日誌』類の主なものをいくつか、あげておこう。「各務昌子記」あるいは「M・P記」などである。

◆『日誌』昭和二二年九月

九月一一日

行事　育成所学（所長先生第二回目）、お月見の会、家庭会食

所員消息　迫間総務県庁に赴く

林田主任県庁に赴く（援護課、保安課）

望月所員廿日市登記所に赴く

佐々木所員草津病院に赴く

主要来訪　田中一夫氏　貫子のため来所

岡田辰市氏　貫子のため来所

松林先生

高路三六氏

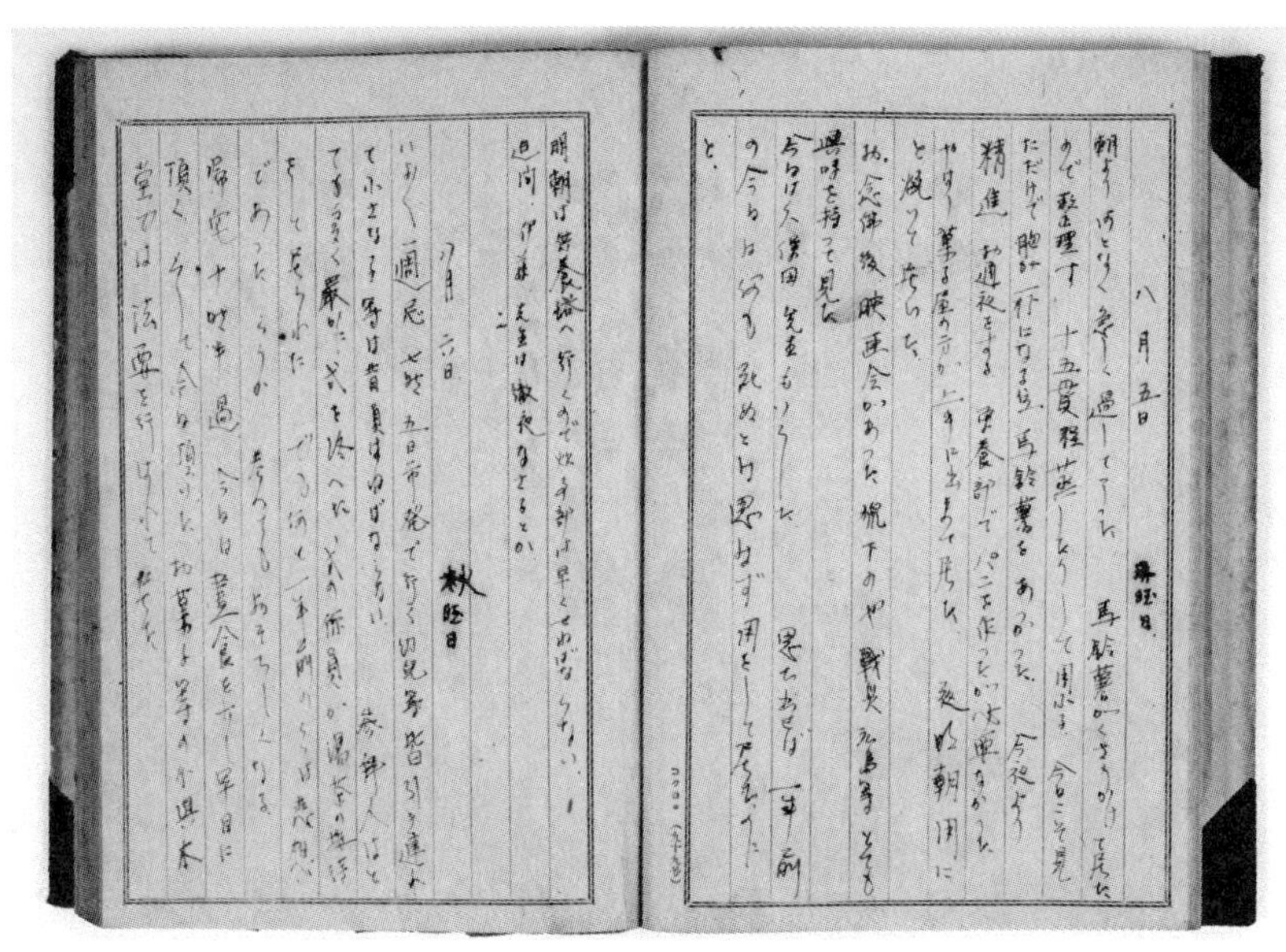

『日誌』（昭和 21 年 8 月 5 日、6 日、各務昌子記）

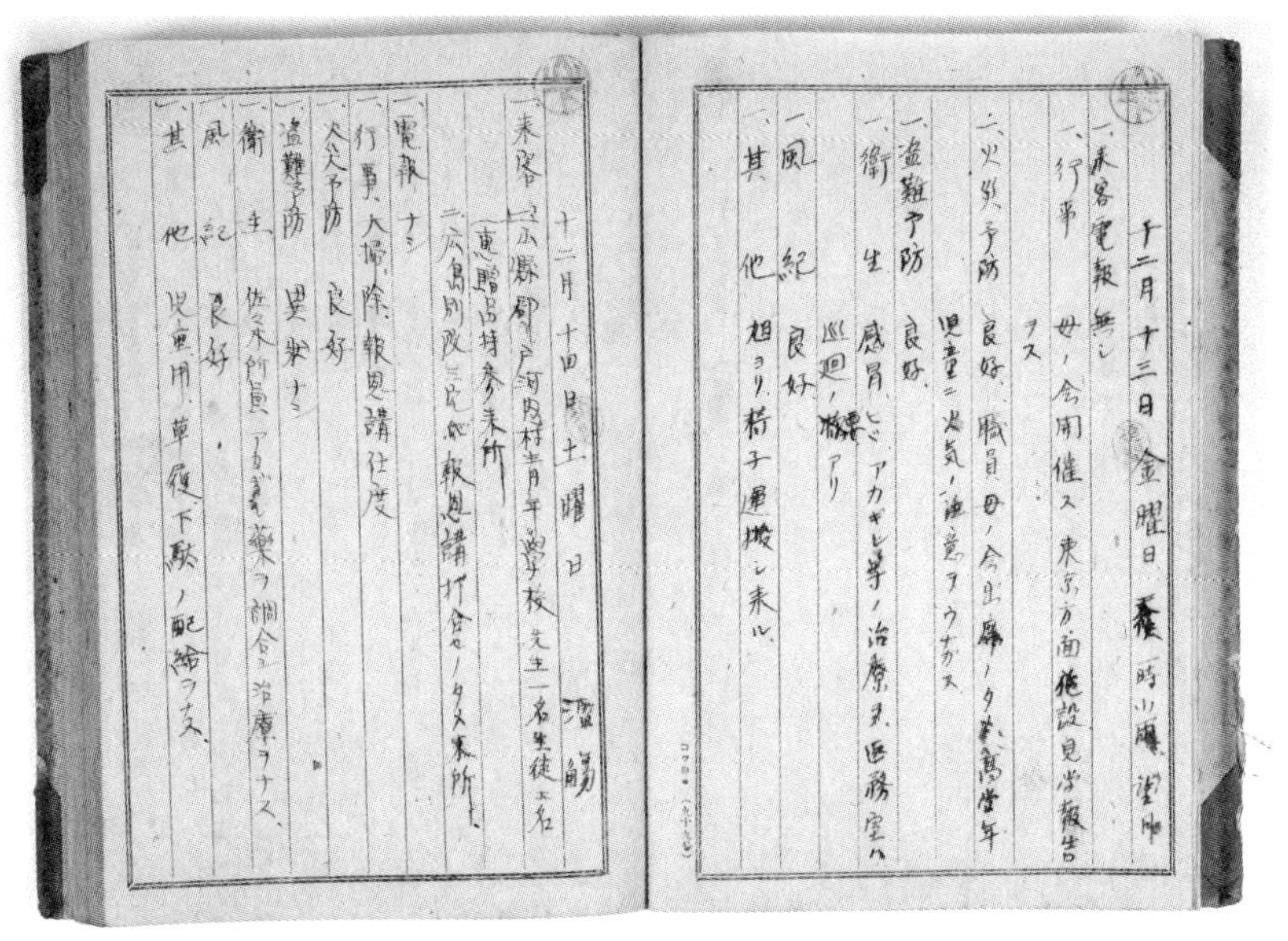

十二月十三日 金曜日 [illegible]
一、来客電報 無シ
一、行事 母ノ会開催ス 東京方面施設見学報告ヲス
二、火災予防 良好 職員母ノ会出席ノタメ[illegible]児童ニ火気ノ注意ヲ[illegible]
一、盗難予防 良好
一、衛生 感冒、ヒビ、アカギレ等ノ治療 [illegible]
一、風紀 良好
一、其他 [illegible]ヨリ椅子運搬シ来ル

十二月十四日 土曜日
一、来客 [illegible]郡戸河内村青年学校 先生一名生徒十名
二、広島別院[illegible]報恩講打合セノタメ来所
一、電報 ナシ
一、行事 大掃除 報恩講仕度
一、火災予防 良好
一、盗難予防 異状ナシ
一、衛生 佐々木所員アカギレ薬ヲ調合シ治療ヲナス
一、風紀 良好
一、其他 児童用草履下駄ノ配給ヲナス

『日誌』（昭和 21 年 12 月 13 日、14 日、M・P 記）

金品恵贈芳名　美和中央国民学校　金四四、二五　山県郡
近田国民学校　金三三六、三〇　神石郡
根野国民学校　金三二〇、三〇　高田郡
山崎雅章　金二〇〇　安芸郡　江田島村中郷
寺尾愛雄　品目恵贈録　佐伯郡　五日市町

児童消息　学童男　三四名
学童女　二一名
幼児男　一〇名
幼児女　七名
総数　七二名
山本喜久子、益村、目治療のため草津に赴く（佐々木先生と）

◆『日誌』昭和二二年一月

昭和二二年元日

一、昭和二二年の覚悟、新たなそして目出度い元日を迎う。若水に顔を洗うと容姿を正し新年の挙式をことほぐ。足掛け三年益々心を鞭打ち本所完成は猛進せむ。

一、来客電報なし

一、火災予防　良好、炬燵の火きつすぎるものありたり。火鉢に取らしむ。
一、盗難予防　児童一同多額の小遣いを頂き嬉しそうなり。こどもの嬉しき顔みれば我々又嬉しきなり。間違いのなきよう各人に封筒を渡し紛失せざる様注意す。
一、衛生風紀　外出着晴着に嬉々たるこども達、どことなく輝く顔によい子、ぼっちゃん、じょうちゃんの将来を祝福す。

一月二日

一、来客電報　甲奴郡矢野村深江分団三名来所　秋山氏外二名来所宿泊す。
一、火災予防　本日は各室とも職員児童、一家団欒双六、歌留多に打興し居り火災注意は概ね良好。
一、盗難予防　良好
一、衛生　各家庭に餅の配給ありたる為、食べ過ぎせざる様注意す。
一、風紀　座敷或いは石廊下等で独楽を廻し、夜遅くまで騒ぐ、注意す。
一、其の他　岩田笑子　晩く（午後九時頃）帰所す。

一月三日

一、来客電報　なし
一、火災予防　良好、各部屋共火鉢の後始末良好なり。

一、盗難予防　異状を認めず。
一、衛生　　　良好
一、風紀　　　良好
一、其の他　　無し

などに詳しい。

「中流家庭」を理想とした育成所は、「衣食住」に気を使った。とくに「食」に関しては、『炊事日誌』

食事の苦心

◆『育成の若干の記録』第三〇章

炊事日誌は、昭和二一年七月二二日から同二七年末まで克明に記入されてある。第一冊が不明である。実際はその前から記入されていると思うが、第二冊七月分から見ていくことにする。

さきにも触れたように、衣食住の第一である、食については、毎日全力を傾注したのである。昭和二〇年二一年はいぜんたる統制が続いていて、食糧は不自由であり、ヤミ米の売買者は、厳罰を受けつつあった。取り締り警官は交通の要処に立って査問した。

日々約百人の生活を賄うことは容易でなかった。私は私財の大部分をこのヤミ米の買い入れに費消した。一々会計に記入することは不可能であった。懇意的な友人に打ち明けて依頼した。可部方面、西條方面、地元山間部等は主たるルートであった。会計から支払ったものは、帳簿にそれとなく記載してある。それ位のことで足りる筈は勿論ない。米だけではなかった。味噌も醤油も同様である。観音町の自宅で品物を受け取り、育成所へ運ばせた。育成所から観音町の自宅へ運ばせたことはなかった。野菜は大部分観音町で買い入れた。ねぎ一本でも農家に三拝九拝する時世であった。

できるだけ分量も多く、そのころとしては栄養価にも注意して食事を調えた。こども達は見る見る肥えていった。寄贈品も多かった。芋と豆が多かった。主食の寄贈は流石になかった。芋や豆はお八つにした。お八つというものを最初から最後まで続けた。こどもにとってたのしいもの、しかも不可欠の要素であった。職員の食事も初めは支給することにした。そのかわり俸給を加減した。しかし、やがて食費を徴収することにした。「孤児院の食事をタダで食べている。」という非難を受けてはならないからであった。

来客は多かった。食事を出す場合があった。公営施設では出来ないことである。お客さんに食事を出すことは、家庭らしくこども達にも実物教育となり、決して無駄ではなかった。こども等の親戚などは必ず一緒に食事をして帰すのが例であった。

食糧倉庫は整然とし、品目、数量は毎日一目瞭然とさせた。倉庫の鍵は事務所の主任者が保管した。林田君、望月君、櫻井君等がこれに当たった。炊事の主任が出庫品を申し入れる。主任者の許可を得て必要なだけ取り出すことにした。入庫する時も同様である。寄贈品は実に厳重にした。餅一切れもツマミ食いを許さなかった。

こういうことは苛酷に見える。あまりにも厳しすぎる。人間味のないやり方といえる。世間ではこんなには厳重にはしない。「私もとらんがお前にもとらせん」という遣り方である。私自身が戒慎せねばならない。幸に私はそういう厳重な家風で育ち、清廉潔白というよりは、ルーズにすることを好まなかった。「孤児院方式」をしないということは、こういうことを潔癖にやって、社会の信用を得るということもその考えの一つであった。

炊事係の執務にもこの趣旨を説いた。よく諒解してくれた。炊事係が「ツマミ食い」するということは絶無であった。そして清潔にさせた。

飯し炊きは辛い仕事であった。女子職員が交代した。後には専任者を置いた。高学年の女子は交代で、当番にした。使役ではなかった。一五、六歳になった女子に炊事を経験させることは必要であった。炊事には栄養士を置いた。橋羽君、松林（女）君はそれであった。女専の優秀な学生さんにも炊事を手伝って貰った。炊事場は高級であった。設備も衛生的に改造した。毎日毎日百人以上の食事を準備し、しかもその後片付けもキチンとするということは、絶えざる努力を必要とした。一寸油断すれば、大変になって禍根となるのは炊事場であるからである。

昭和二二年七月二二日（月）

一、朝食　九七名
（お雑炊）
米　三升
芋粉　二升
イリコ　一〇〇匁
とうがん　一貫

味噌　　五〇〇匁
（栄養）
幼児　たんぱく　一二、一
　　カロリー　二五一
学童　たんぱく　一三、一
　　カロリー　二八一

一、昼食　九九名
（馬鈴薯玉葱の煮合に胡瓜トマト）
米　四升
麦　二升
馬鈴薯　五貫匁
トマト　五〇〇匁
玉葱　一貫
イリコ　一〇〇匁
胡瓜　一貫
（栄養）

幼児　たんぱく　一四、九
　　カロリー　四〇一
学童　たんぱく　二一、三
　　カロリー　五七一

一、夕食　九九名
（ダンゴ汁とおじゃが塩煮）
米　四升
麦　二升
茄子　二貫
芋粉　六升
イリコ　一〇〇匁
味噌　五〇〇匁
馬鈴薯　一貫
塩　若干
（栄養）
幼児　たんぱく　一四、八

食堂の様子

カロリー　四七五

学童　たんぱく　二五、四

カロリー　七〇一

いつも食堂できまったように食事するばかりでなく、時には庭で「ガーデンパーティー」を開き、時には食堂で、宴会のようにまね、「デザートコース」でこども達に「テーブルスピーチ」をさせたりした。月に二回位は「家庭会食デー」として、各グループ毎に「すき焼き」「寄せ鍋」をさせるように計画した。月少なくとも三回位は、式或は行事があって御馳走をするのであった。

『炊事日誌』

『炊事日誌』記載内容は、当時の食糧事情を反映して大変厳しいものになっている。

さらに、記載内容を数日にわたって取りあげてみよう。

◆『炊事日誌』昭和二一年七月

七月三一日

食料危機いよいよ深刻の度を加え米麦無配給すでに十数日に及ぶ。然るに橋場主任は早くより今日あるを察し、能く計画しよく調和し食い廻しをなしたる為め、大いに助かりつつあり。

これを思えば我等は日々の食事を感戴し、殊に青年団の寄贈米麦の如き真に合掌の外なし。

職務に一段と反省して努力しなくてはすまないと思う。

朝食
幼児一七　学童五〇　職員二一　来客三　計九一名
米三升　芋粉二升　冬瓜一〆　イリコ一〇〇匁　味噌五〇〇匁
雑炊

幼児　蛋〔蛋白、以下同〕一二、一　　二五一カロリー
学童　蛋一三、一　　二八一カロリー

昼食
幼児一七　学童三九　職員一八　来客三　計七七名
米三升　麦二升　玉葱三〆　ナスビ二〆　肉五〇〇匁　胡瓜二〆　酢五合
肉玉葱ナスビ煮　胡瓜酢の物
幼児　蛋一三、五　　四一九カロリー
学童　蛋二三、三　　七八八カロリー

夕食
幼児一七　学童四八　職員一九　来客二　計八六名
米三升　麦三升　馬鈴薯五〆　ナス一〆　肉五〇〇匁　にしん九〇尾
焼肉じゃが塩煮　焼きナス
幼児　蛋一七、八　　六二三カロリー
学童　蛋二五、九　　八一二カロリー

午後八時半福岡キャンプ行き学童九名帰る元気いっぱい。

◆『炊事日誌』昭和二一年八月

八月一日

朝食

幼児一七　学童四八　職員一八　来客二　計八五名

米二升　芋粉二升　冬瓜一〆　イリコ一〇〇匁　味噌五〇〇匁

雑炊

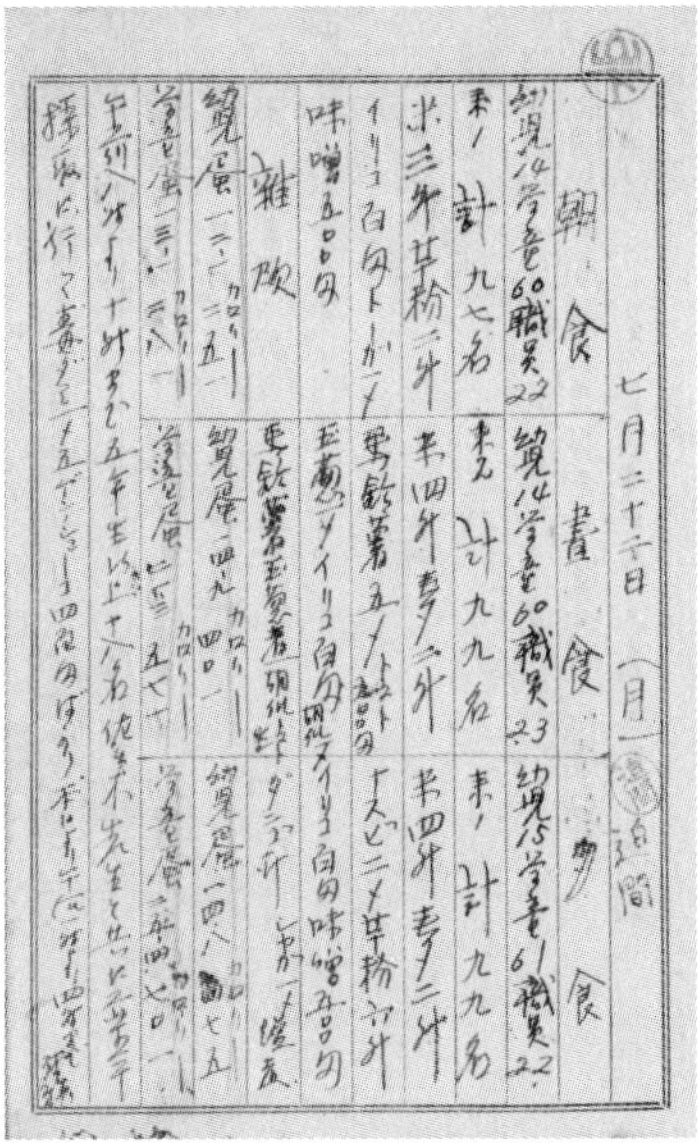

『炊事日誌』(昭和21年7月22日)
蛋白とカロリーの欄には赤色で傍線が引かれており、入所者の栄養に気を配っていた様子が見受けられる。記入者はサインと押印、山下も押印して、入念にチェックしていた

幼児　蛋一二、一　　二五一カロリー
学童　蛋一三、一　　二八一カロリー

昼食
幼児一七　学童四六　職員一八　来客一　計八二名
米三升　麦二升　南京五〆　イリコ二〇〇匁　醤油五合
南京醤油煮
幼児　蛋一三、七　　四一二カロリー
学童　蛋二〇、一　　六七九カロリー

夕食
幼児一七　学童四六　職員一七　来客三　計八三名
小麦粉五升　芋粉八升　ナス二〆　イリコ二〇〇匁　味噌五〇〇匁
パン食　味噌汁
幼児　蛋一四、二　　四一二カロリー
学童　蛋二〇、〇　　六八八カロリー

上級生帰って便所をきれいにかえてもらい、さっぱりし皆様好感、やはり大きい子は係になり有り難く思う

八月二日

朝食
幼児一七　学童四六　職員一八　来客一　計八二名
米二升　芋粉二升　冬瓜一〆　イリコ二〇〇匁　味噌五〇〇匁
雑炊
幼児　蛋一二、一　二五一カロリー
学童　蛋一三、一　二八一カロリー

昼食
幼児一七　学童四六　職員一九　来客二　計八四名
米三升　麦二升　鮮魚二〆五〇〇匁　佃煮二〇〇匁
魚煮付け
幼児　蛋一七、二　五〇三カロリー
学童　蛋二五、一　七九八カロリー

夕食
幼児一七　学童五七　職員二二　来客四　計九九名〔原文ママ〕
米三升　麦三升　鮮魚二〆　ナスビ一〆
焼魚　ナスビ煮付け
幼児　蛋一七、〇　五〇〇カロリー
学童　蛋二五、〇　七九六カロリー

午後六時半　虹ヶ浜キャンプ行、帰る。元気いっぱい。一般家庭で何割キャンプに行くだろうと思う。
海水浴には行けてもキャンプは仲々に

八月三日

朝食
幼児一七　学童五七　職員一九　来客一　計九四名
米三升　ジャガ一〆　イリコ一〇〇匁　味噌五〇〇匁
雑炊
幼児　蛋一二、五　二五五カロリー
学童　蛋一三、七　二八六カロリー

昼食
幼児一七　学童五七　職員一四　来客一　計八九名
米三升　麦三升　馬鈴薯五〆　ナスビ三〇〇匁　玉葱一〆　サギ一〇〇匁
馬鈴薯ナス玉葱サギ煮付け
幼児　蛋一三、五　四〇〇カロリー
学童　蛋一八、三　六四八カロリー

夕食
幼児一七　学童五七　職員二〇　来客一　計九五名
米三升　麦三升　芋粉三升　ジャガ二〆　肉五〇匁　胡瓜二〇〇匁
ジャガ肉塩煮　ダンゴ汁
幼児　蛋一四、九　四二四カロリー
学童　蛋二〇、二　六八五カロリー

昼食所長様宅にて家庭懇談会、如何にすればよき母としてこども指導出来る様になれるか修養あるのみ

八月四日

朝食

幼児一七　学童五七　職員二〇　来客二　計九六名

米三升　芋粉三升　イリコ一〇〇匁　味噌五〇〇匁

雑炊

幼児　蛋一二、一　　二五一カロリー

学童　蛋一三、一　　二八一カロリー

昼食

幼児一七　学童五七　職員二二　来客三　計九九名

麦粉五升　味噌二〇〇匁　芋粉七升　粟一升　イリコ二〇〇匁

南京一〆　麸三尺　冬瓜一〆　胡瓜一〆

パン食　冬瓜クズかけ

幼児　蛋一四、二　　四一二カロリー

学童　蛋二〇、〇　　六八八カロリー

夕食

幼児一七　学童五五　職員二二　来客三　計九七名
米三升　麦三升　南京三〆　玉葱一〆　肉缶二ヶ　醤油七合
南京煮付　肉缶玉葱煮
幼児　蛋一四、八　四〇〇カロリー
学童　蛋一九、九　六七六カロリー

夕方なのに青年団七〇〆からの野菜を頂く。感謝の外なし
夕食後本堂お参りに引続き、毎日新聞社　上田先生のお話拝聴

八月五日、八月六日分無し

八月七日

朝食
幼児一七　学童五八　職員二四　来客五　計一〇四名
米三升　芋粉三升　塩一〇〇匁　イリコ一〇〇匁　玉葱六〇〇匁
雑炊
幼児　蛋一二、三　二五一カロリー
学童　蛋一四、一　二八一カロリー

昼食

幼児一七　学童五八　職員二四　来客五　計一〇四名

米三升　麦三升　醤油三合　酢一合　魚（ハゲ）一〆　ナス一〆　タコ五〇〇匁

魚煮付　ナス煮付　タコ酢和え

幼児　蛋一六、一　四三〇カロリー

学童　蛋二三、一　六七〇カロリー

夕食

幼児一七　学童五二　職員二四　来客五　計九八名

米三升　麦三升　油六勺　魚缶二〇ヶ　玉葱一〆

魚缶　玉葱油炒り

幼児　蛋二〇、一　五二三カロリー

学童　蛋二六、九　七九五カロリー

橋羽家庭部主任帰省される。山下相談役留守中色々とお世話下さることとなる

八月八日

朝食
幼児一七　学童五二　職員二四　来客五　計九八名
米六升　麦二升　芋粉三升　イリコ一〇〇匁　塩一〇〇匁　醤油五合
雑炊
幼児　蛋一二、五　一二二八カロリー
学童　蛋一五、八　一二九六カロリー

昼食
幼児一七　学童二五　職員一六　来客三　計九七名〔原文ママ〕（弁当三八）
米二升　麦二升　馬鈴薯六〆　魚缶七ケ　醤油五合
馬鈴薯煮付　魚缶
幼児　蛋一四、六　四一五カロリー
学童　蛋一九、八　六九二カロリー

夕食
幼児一七　学童二五　職員一六　来客なし　計五九名〔原文ママ〕

原爆被災孤児の栄養の平均値

栄養素名	広島戦災児育成所	新生学園	必要摂取量
タンパク質	80.3g	36.7g	65g
カロリー	2,439kcal	1,423kcal	1,823kcal
灰　分		10.9g	
備　考	1949年1月10日～16日までの1週間の平均。 対象：学童	1946年6月分平均。 対象：平均年齢10.4歳	

（児玉克哉『原爆孤児　流転の日々』より）

第一児童室で就寝する女児達
二人ずつ布団に入り、枕は一人一個、枕カバーもかけられている。こどもは各々枕元に翌日の衣服をたたんで支度している。食卓には花が飾られ、部屋の隅にはオルガンが置かれている

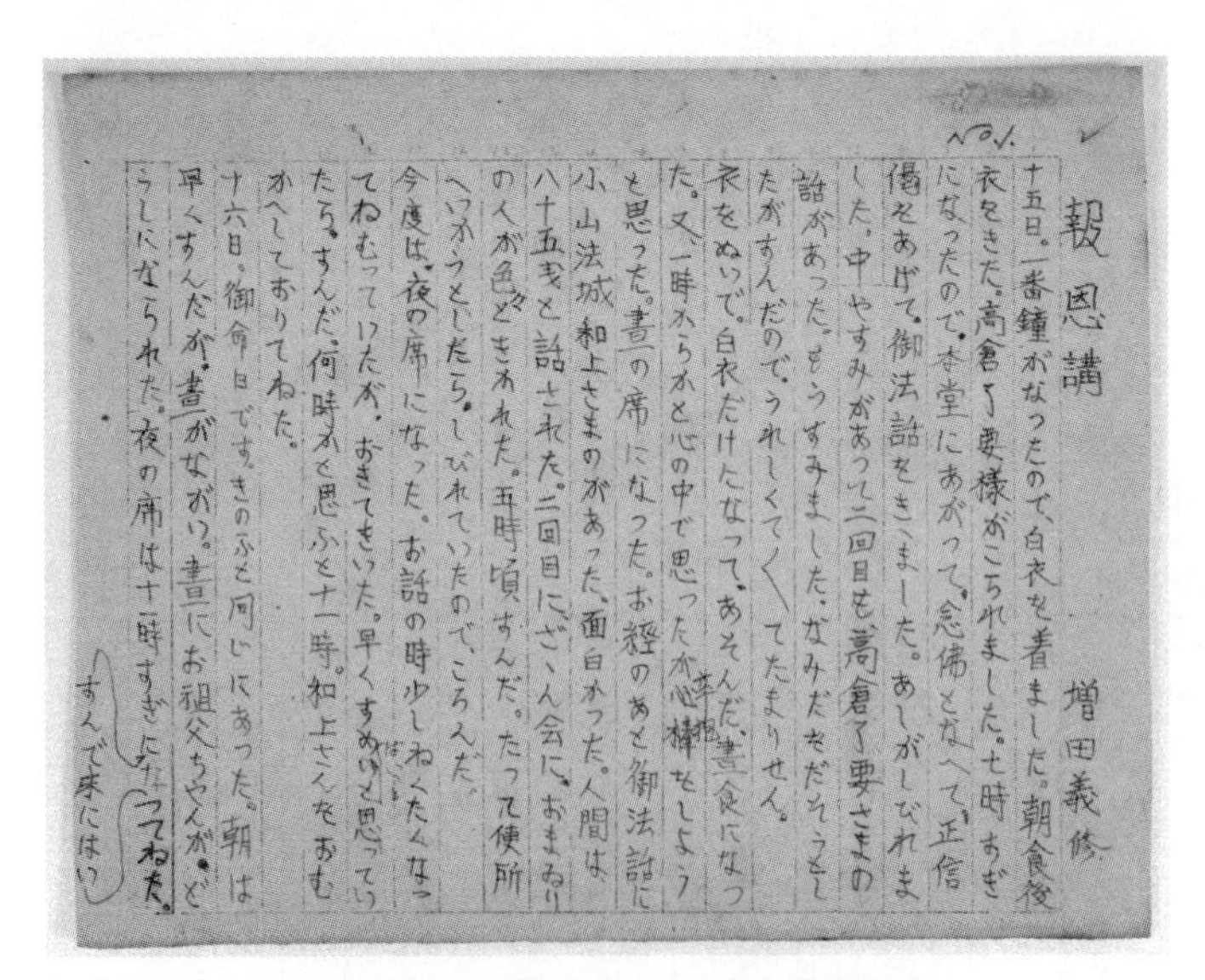

No.1.

報恩講

増田義修

十五日。一番鐘がなったので、白衣を着ました。朝食後
衣をきた。高倉了要様がこられました。七時すぎ
になったので。本堂にあがって。念佛となへて。正信
偈をあげて。御法話をき丶ました。あしがしびれま
した。中やすみがあって二回目も高倉了要さまの
話があった。もうすみました。なみだをだそうとし
たがすんだので。うれしくてく　てたまりせん。
衣をぬいで。白衣だけになって。あそんだ。晝食になっ
た。又、一時からかと心の中で思ったが辛抱をしよう
と思った。晝の席になった。お經のあと御法話に
小山法城和上さまのがあった。面白かった。人間は
八十五才と話された。二回目にざ丶ん会に。おまゐり
の人が色々ときかれた。五時頃すんだ。たって便所
へいかうとしたら。しびれていたので、ころんだ。
今度は。夜の席になった。お話の時少しねんたんなっ
てねむっていたが。おきてきいた。早くすめばと思ってい
たら。すんだ。何時かと思ふと十一時。和上さんをおむ
かへしておりてねた。
十六日。御命日です。きのふと同じにあった。朝は
早くすんだが。晝がながい。晝にお祖父ちやんが。ど
うしになられた。夜の席は十一時すぎになってねた。
すんで床にはいつ

「一周年記念文集」に収載された増田義修くんの作文「報恩講」
少年僧の増田くんが報恩講の日、朝食後に装束に着替え、法要に出仕し、法話を楽しんだりした一日の様子をいきいきと著している

米二升　麦二升　南京一〆　馬鈴薯一〆　芋粉四升　醤油五合　胡瓜一〆　酢二合
ダンゴ汁　胡瓜酢和
幼児　蛋一六、九　四三八カロリー
学童　蛋二五、八　六五〇カロリー

当時の児童の栄養状態については、児玉克哉が育成所と新生学園の場合を表で比較した（児玉克哉『原爆孤児　流転の日々』汐文社、一九八七年、一六四頁）。本書九九頁に掲載した表である。

『勤労日誌』

『勤労日誌』には、育成所と所外の関係団体との関わりについて、細かく記載された。長期にわたっての記載でなく、開所当初に綴られたものである。

◆『勤労日誌』昭和二一年一〇月

一〇月一六日

団体関係記録　広島市立高等女学校一年生代表大東和氏外三名慰問品持参来所

予定及注意事項
・瀬木郁枝氏着任す
・阿賀出張延期の件
・明日一七日、観音村へ挨拶
・平田秀男君の米穀証明の件

一〇月一七日

所外連絡事項
・観音山茸狩りに関し、役場及び村長へ挨拶及び実地踏査
・観音町中学寮へ材料運搬児玉

所内勤労事項

・平田秀男に関し岸沢巡査部長に連絡
・薪運搬
・各倉庫整理（相談役殿）
・育成所外側清掃

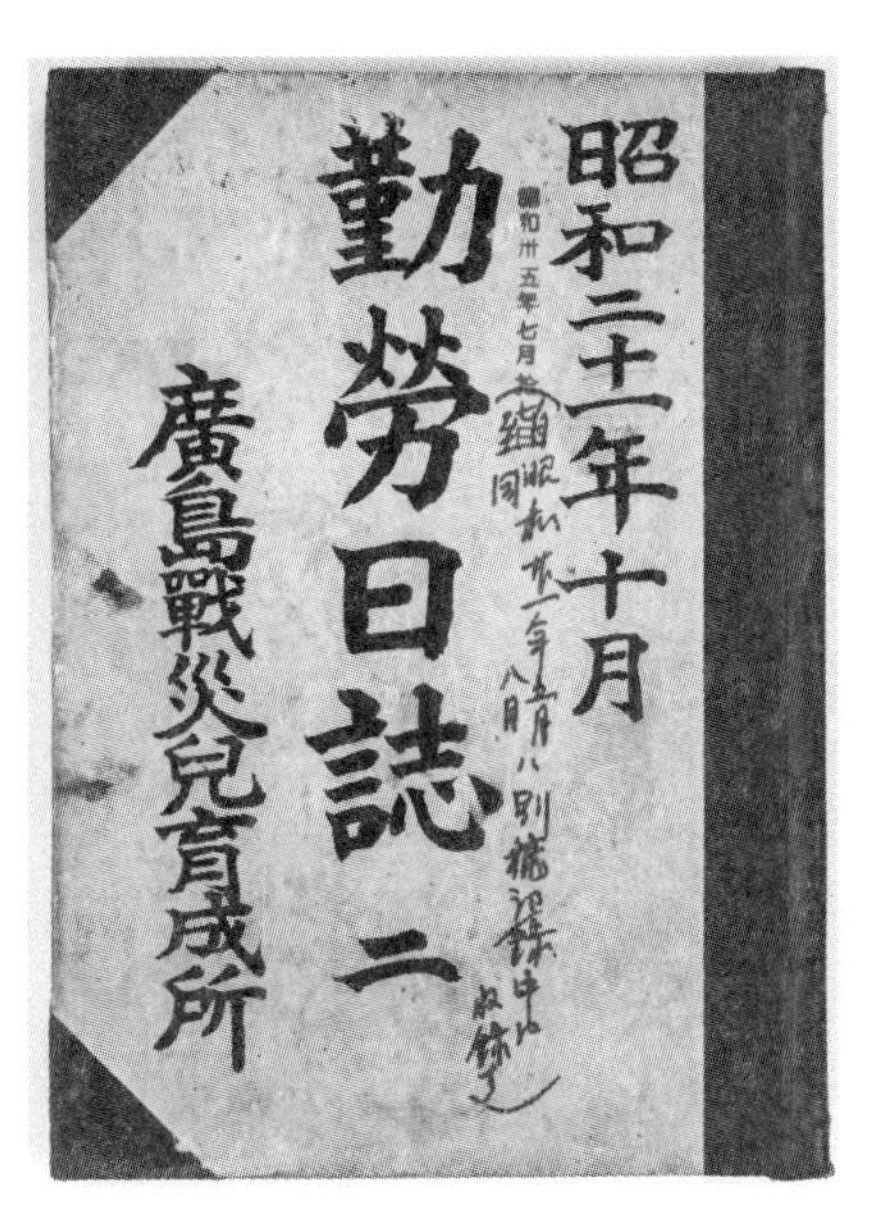

『勤労日誌　二』（昭和 21 年 10 月）

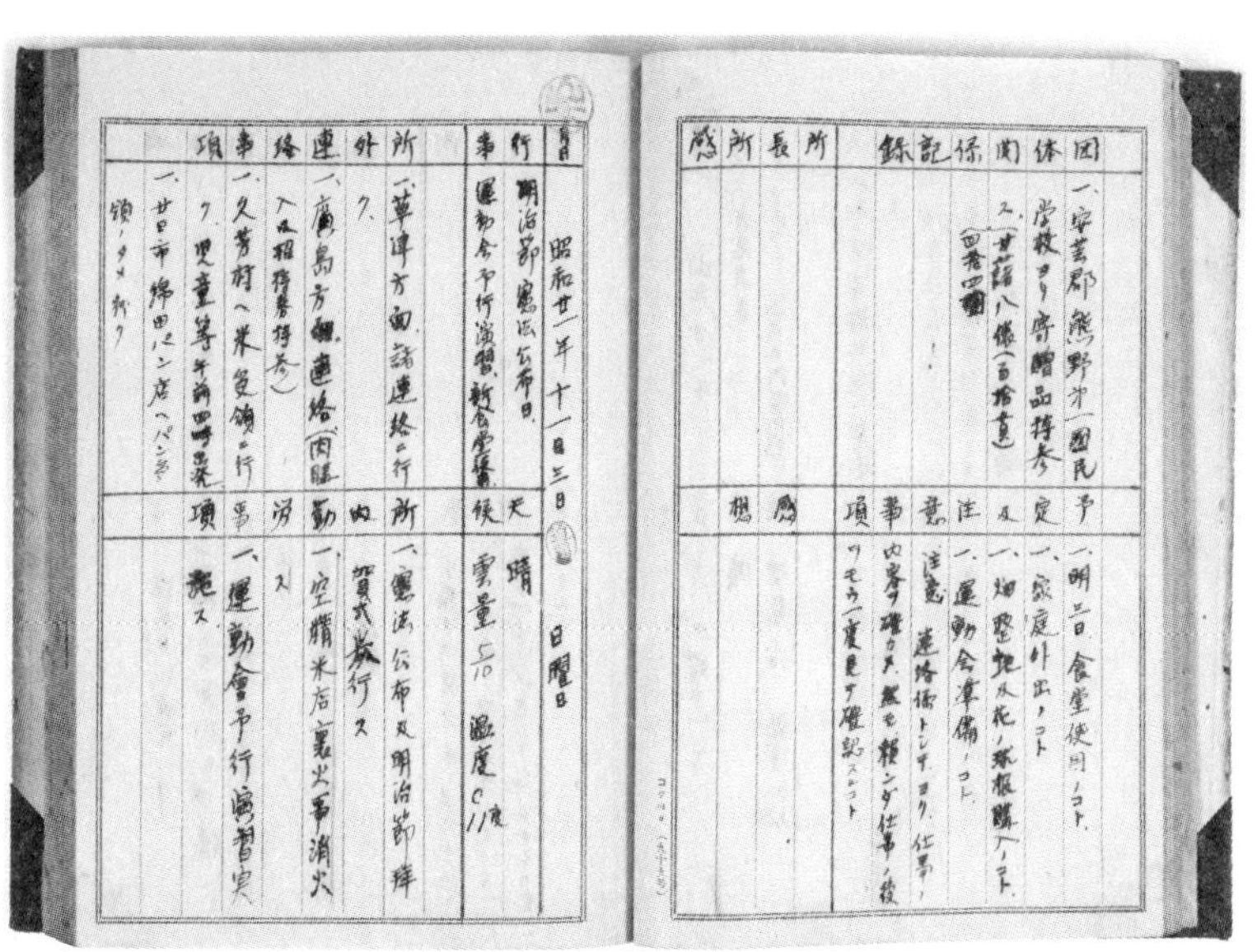

『勤労日誌　二』記載内容

『寄宿舎日誌』

『寄宿舎日誌』は、足かけ一年あまりの記載で、長期にわたったものではない。記載内容は、次のようであった。

◆『寄宿舎日誌』昭和二三年三月

三月一九日

記事　開所記念日
被服　洗濯、修理、ボタンつけ八個、下駄の縄作り
衛生　なし
躾け　寄宿舎の便所は特に注意して用足しをする事
感想　久し振りに炊事より上がって部屋の大掃除整頓し洗濯物繕いものなす。佐々木家庭のこどもの洗濯物も多量にある様子。次々と片付ける積りだけれど、二〇日より又お炊事当番ではないかと思う。今頃人手都合に依って炊事当番も早く廻って寄宿舎の事も気懸りになる。今夜は五年生宿題多量に出た為、夜一一時頃迄も皆熱心に勉強なす。

三月二〇日
記事　哲学講座、家庭会食
被服　足袋の繕い、下駄の緒
衛生　疥癬ほとんど全治す
躾け　雨の日は必ず下駄履く事、廊下へ上る時、足を拭いて上る事
感想　春になって雨繁し。足のきたない儘廊下へ上るので雑巾をそなえて置く。下駄の乱れを度々注意するもののなかなか実行出来ず残念に思う。
気の付き次第自分でなおして置こう。今夜は久し振りに楽しい家庭会食あり。先生の居らない部屋のこども達も皆仲良く上手にしていた。
当分山脇先生が佐々木家庭に起床して下さる事となる。

◆『寄宿舎日誌』昭和二三年八月

八月四日
朝五時一五分五日市着にて所長先生晃様お降りになる。何時も乍らの長旅をもさしてお疲れも見えず勿体なく思う。御本堂にて東京での御様子をお話しになる。並々ならぬ御奮斗が偲ばれ深く感謝す。
「生島弓子」すっかりよくなったと見え、起きてもいいと尋ねるので昨日一日お腹を乾かしたので今日一日はぶらぶらお部屋で遊ぶ様に言う。早くよくなってくれて嬉しい。

少しアイロンしてお洗濯していると、急に頭痛、咽を痛めたと見え一寸高熱医務室で休ませて頂く。夕方大分軽くなる。お蜜柑を馬鹿に美味しいと頂くこども達の靴下を縫う。

八月五日

今朝、咽部非道く痛み高須まで診察して頂きに行く。扁桃腺炎とてアルコール塗布、血管注射をする。少々熱あり、明日の仕事、休むのは後廻してこども達衣服全体を調べて見る。親兄弟の御命日とのあの悲惨な明日の供養塔参拝をいい着物を着て行くのが嬉しい。まだ幼いこどものいじらしさ、可哀想でならない。まだ幼いこどものいう事を可愛想でならない。

広島別院御輪番様御来所、ご本山より育成所のこどもへと寄贈としてお送りくだされた絵本をご持参くださり、誠に有り難き御芳情に感涙す。七時より明日（八月六日）原爆三周年のお逮夜、所長先生のお話しあり。仰せの通り私共は常に最悪の立場にあることを深く認識して、油断なき暮らしをさせて頂きたく思う。

八月六日

五時起床。昨夜支度済みで早々身支度整う。私は残っている様、家庭部長様のお言付けなので、正木先生とお留守番す。

皆、一昨年の今日を思い浮かべ供養塔の前で涙して手を合わせているであろうこども達を思う時、自分もまたその内の一人だと兄姉の霊に静かに広島の方に向き合掌す。お客様次々御来所あり。お接待す。

一時全部恙く。今日は寄宿舎で出発の時も帰った時も皆ぐずぐず言う者がいなくて本当に嬉しかった。着て行った服も大きい子は水洗いして乾かしていたし、靴下等もすぐ洗う等（主に女の子）よい習慣にもなると思う。

八月七日

林田家庭、渡辺家庭、広沢のこども全部の靴、靴下を持って来さす。それを保管す。

寄宿舎の便所当番で清掃す。男便所の方、黄色くなり見苦しき故、塩酸でもあれば除きたいと思う。柚木武子、法子里帰り来る。

無事で帰って来てくれて安心す。顔に女の子殆どおでき（アセモの親）が出て痛そう。可愛想にお風呂から上がれば天花粉をつけて就寝する様に言う。

澤田先生、菊池先生、瀧岡先生御宅の御法事にお参りになり、お炊事のお手伝いする。

渡辺家庭の継物する。

『育成日誌』

前掲『寄宿舎日誌』同様、一時期記載された。
『育成日誌』の記載内容を、八月の「原爆の日」の頃で見てみたい。

◆『育成日誌』昭和二二年度

八月五日

生徒数　一年生：男二　女一　計三
　　　　二年生：男六　女三　計九
　　　　三年生：男三　女一　計四
　　　　四年生：男四　女四　計八
　　　　五年生：男八　女六　計一四
　　　　六年生：男六　女六　計一二
　　　　　合計：男二九　女二一　計五〇

記事　夏季休暇・供養塔参拝諸準備

食事　朝：雑炊、漬物、昆布
　　　昼：御飯
　　　夜：御飯

八月六日

生徒数は上記と同じ
記事　夏季休暇・供養塔参拝並に平和祭参列
食事　朝：雑炊
　　　昼：〔□□〕〔伏字〕氏宅にて食事
　　　夜：御飯、肉、玉ねぎ、焼魚、トマト、すいか
　　　間食：桃

「育成所活動記録」

昭和二二（一九四七）年当時の「育成所活動記録」は、次の活動を記録している。

これらの記録は、「現在の収容児状況」・「経費」等の詳細な記録とともに『要覧』としてまとめられた。

◆『広島戦災児育成所要覧』（昭和二二年八月）

一月一二日　米国赤十字社青少年指導者ハーバートベル氏一行来所

二五～二八日　所内で広島県保母養成講習会開催（二月三日迄）

二九日　所内で佐伯地方援護委員会開催

二月六日　ララ物資御礼のため、児童二名、職員一名、呉市米軍軍政部訪問

二四日　児童放送局招待の児童春祭り出席

三月二日　進駐軍ソフト軍曹以下一二名慰問来所

四日　新設中の洗面所完成（建坪四、五坪）

七日　建築中の別寮落成（建坪一二坪）

二九・三〇日　所内にて佐伯地方区労働組合講習会開催

四月七・八日　少年僧五名、安芸郡矢野町向井久雄氏の花祭りに招待を受く

二〇日　所長、広島県区選出参議院議員に当選す（任期六年）
五月三日　児童、東部飲食業組合招待比治山運動会に出席
六日　少年僧及び五・六年児童、供養塔花祭りに参列
九日　米　フラナガン神父一行来所視察
一二日　広島分寮設立、中学生二名分寮に移転
二七日　宮内省より御下賜金の御沙汰に予り県庁にて拝受す
二八日　第二回評議員会開催
六月六日　米軍呉軍政部より児童用雑誌受領す
二五・二六日　所内にて安芸教区講習会開催
七月七日　七夕まつり演芸会開催
二〇日　新任県民生部長視察来所
二八・二九日　原爆三回忌法要勤行
三〇日　新設風呂場完成、使用開始
八月一日　新設中の炊事場落成、使用開始
三日　新設中の児童室便所及び一般便所落成、使用開始
六日　全員供養塔参拝、平和祭式典に参列、所長松平参議院議長代理として出席、当所児童一同森戸文部大臣より挨拶を受く

一五日　全員、楽々園海水浴に赴く

一五・一六日　夜間、所内盆踊り会開催

二四日　参議院議員七名（厚生委員）来所視察

二五日　所内にて議員一行をかこみ県主催の下児童福祉法案懇談会開催さる

二年目の「原爆の日」

昭和二二（一九四七）年八月前後の職員、松村喜美子による『日誌』では、「原爆の日」を迎えた児童と職員の様子が明らかにされている。

松村は開所の早い時期から児童と生活をともにした職員である。松村が記載して、山下が点検チェックを入れ、押印した「日誌」は、記載者「松村」の名前が記入されて毎日の児童の様子が細かく綴られた。

◆『日誌』昭和二二年八月

八月五日　火曜

記事　一、逮夜参り（午後五時より）
　　　一、持物検査

所感　明日の御命日をひかえてこども達もがさがさ落ち着きなし。でも美しくととのえられた洋服を枕辺に置いて寝ている姿はいじらしく感慨無量である。

躾　一、外出の注意
　　先生の言いつけをよく護る
　きょろきょろ露店の物をあきれて見ない、要る物が有ったらはっきり言う

言葉づかいに注意

其ノ他　無名氏の方より三万円の寄附をいただく、早速新聞社にお知らせする。

八月六日　水曜

記事　一、平和祭に出席

五時に起床し二台のトラックに分乗、供養塔にお参りす。こども達は何と思っているのか。トラックの上などではまるで水泳に行く時のざわめきだった。

躾　一、朝夕の御挨拶

一、言葉遣い

一、本堂でのお行儀（足をなげ出しているのを見る）

其ノ他　一家元気で供養塔にお参りする事が出来たのが何より嬉しい。昨年は幼児をおんぶして行ったのに一年の間すっかり成長し、おむつもいらなくなる。電車でもまれて行ったのに、今年はトラック二台貸切だ。おぢいちゃんは主賓だし、この様にお家の発展を思った時、嬉しさのあまり胸がこみあげて仕方なかった。

『衛生日誌』

昭和二二年当時の『衛生日誌』は、次のようであった。
通院のこども達は、依然少なくない。職員等が引率した。

◆『衛生日誌』昭和二二年九月

九月二日

トラホーム（点眼）　七名
結膜炎（点眼）　九名
疥癬　一名
おでき　一名
六ちゃん　今日たくさんの膿が出ました。昨日のお熱は注射後降りましたがあの熱もこの化膿の為だったと思います。膿は度々出来るのですが、口を大きく切開するのが出来ませんので、またすぐ膿をもちます。然しそろそろ涼しくなりますのでもう大丈夫だろうと思います。
修ちゃん　日赤に包帯交換に行く。

九月三日

トラホーム（点眼）　七名
結膜炎（点眼）　九名
疥癬　一名
おでき　二名
日赤病院外科通院　一名
修ちゃん　切開後の傷はとてもきれいに治癒しつつあります。後、二、三日もすれば所内処置が出来そうです。

ララの贈物

食糧の国際支援「ララ救援活動（ＬＡＲＡ＝Licensed Agencies for Relief in Asia)」は、昭和二一（一九四六）年一一月に開始された。

育成所の苦しい食糧事情にとっては、大きな「贈物」であった。

◆「ララの贈物」『佛教タイムス』（**一九四七年一月二五日**）

第一便は、１９４６（昭和21）年12月24日夜到着した。「クリスマスに間に合うように」と送り出されて、そのとおり届いた。品物はのちには衣料、薬品が加わるが、このときはすべて食料品であった。粉ミルク、万能給食、米の粉、ビスケット、バター、ジャム、キャンデー、野菜入り肉、ジャガ肉、ソーセージ、乾燥卵子等であり、その品目一つ一つに、「使用条件」の文書が添付されていた。

「使用条件」は、「乳幼児、孤児以外に一切の不正使用を許さず、万一の場合は厳罰に処せらるべき」と、あった。

贈り主の代表責任者であったローズは、１９４６年10月30日に育成所を視察した。所内を巡視したあと、全職員を前にした話を山下は宗教新聞の記事で紹介し、自らの気持ちを述べている。

「アメリカで原子爆弾の発表を見て大変悲しく、アメリカは少しその方法を間違へたと思いました。

米国民には同感のものが少なくありません。皆さんまことにすみませんでした。その孤児たちにたいして自分達は責任を感じます皆さんのよく努力してくださることに感謝の意を表します。それらの子供たちをどうか正邪をハッキリ区別し得る立派な人間に教育して下さい。お願いいたします」といはれ目に涙さへ見へたのである（中略）敗戦の現実はけだし今後いよいよ深刻化し来ることであろう。貧弱の度を加へゆく日本人が果していかなる道義の一線を死守し得るか日本の宗教家達が果していかなる自覚の態度に出て来るか。われわれは１９４７年の日本宗教文明がいやが応でも一大変動の渦中に投ぜられることをつくづくと痛感するものである。

事業報告

育成所の「事業報告」作成・公表は、「全国でもっとも頻繁に詳しく作成した」と山下が認めるくらいに時間をかけてまとめられた。職員の作業についての苦労話が、随所に出てくる。

以下のように、育成所の運営が概観できる内容であった。

◆「現況要覧」昭和二三年九月二日（『育成の若干の記録』第六章）

「保護教育」について

A、家庭　八四名の児童を大体六～一〇名ずつに分けて、一一家庭を編成し、これに主として女子職員が一名宛担任し、起居を共にし、全く母としての世話をしている。こども達はこの担任母の女子職員のどこかに亡き自分の母の姿を見出し、いつのまにか「お母さん」と呼ぶ様になった。
得度した五名の少年僧は本堂に起居し、これには宗教家の職員が一名ついて指導している。

・団らんとしては、休日等の家庭外出、家庭会食（すきやき会）、更に日用品の家庭配給、予習復習の指導、看病等によって家庭的情愛がかもし出されているが、特に夕食後各家庭での担任母と児童の和やかな語り合い、散策、娯楽、等こども達にとっても又職員にとってもまことに楽しいものである。
・毎日の日課表（春夏秋冬の四季に分かち）及び、毎日別の行事予定表を作製し、その日々の暦、家庭行事、其の他種々なる行事の予定をその月はじめに於てねり、計画する。

B、教育　本所は昭和二三年三月迄広島市幟町小学校分教場として所内に於て小学校の課程を授けていたが、同年四月より左記の理由により五日市町の学校に通う様になった。

a　本所開設以来すでに三年児童はまことに育成所を自分達の「家」として身心共に落ち着き、他の普通の家庭のこども達と変わらない位になった。

b　就学児童七五名の中すでに二九名は中学生として所外学校に通学し、小学校児童はわずか四六名足らずとなった。

c　本所収容児童は孤児ではあるが、不良性或は浮浪性を持った児童は殆どなく、又将来当然社会に巣立ち行くためにも他の一般家庭のこども達と交じる事は大切なことである。

・所外通学一か月後、全学童に対して学校と育成所とどちらが勉強するのがよいか？　という質問を施したところ

学校を良しとするもの……二八名（張り合いがある。友達が多い事等）

育成所…………………九名

不定……………………一名

にて所外通学の方がこども達も非常に良いという事がわかり又、爾来一学期、二学期と経た今日、優秀なるこども達は、他の多くの一般家庭のこども達と何ら劣る事なく、却って級の模範生として級長としてやってゆくものも数名居る様な状態にて、我々の企画せる育成所児童の所外通学は一応成功し

たとみてもよい状態になった。
・今後の育成所による教育は「躾の教育」を主として、家庭に於ける学習指導の徹底及び高学年中学生のため、男子職員でその得意とする課目について、中学生の相談にのる様にして、これ又学習方面の徹底も期して居る。
・児童の自治組織、最近高学年の児童の間に自主自律的に自分達の教養を高め、段々と文化的なるものの建設にと進む傾向が生まれ、こどもの会が生まれ、こども達はこれを「童心会」と名づけ週刊童心タイムスの発行もする様になって居る。
・更に青年期に入りし、高学年中学生をして、職員と共に、育成所の業務を各々分担せしめ、各児童に責任観念の養成と自主自律の精神の涵養を図ると共に、育成所全般の円滑なる業務の運営をなす様努力している。

C、幼児の保育　「愛児の家」の育成所に於て一番立派な家に幼少児を収容し、これに二名の保母がついて万般の面倒をみている。普通幼稚園式の系統案は考えないで全く家庭的な行き方をしている。

D、衛生方面　本館の明るい一室が医務室となっており、ここに専任の看護婦が一名居り、育成所全般の保健衛生の指導手当にあたっている。
・毎週日曜日は診療日とし、嘱託医の来診を仰ぎ、又毎月一日と一五日と二度、全児童及び職員の身体検査を行い、保健衛生に対する万全の策を講じている。
・新入所児に対しては充分注意を払い、必ず入浴せしめ、当所にて消毒したる衣服に着換えさせて後、入室さす。

・入浴は大浴場にて、夏は毎日、春秋は隔日、冬は三日に一度にて全員入浴する。

E、栄養方面　中流家庭を標準とした生活であり躾がなされるのであるが、その根本は何と言っても食事にある。それだけに児童の食事については所長はじめ全職員の最も苦心する所である。

・食糧物資は大体配給を主体とするのであるが、勿論これで充分な筈はない。しかし放出物資、青年団婦人会、寺院等各方面からよせられた同情や食糧購入及びララ物資の贈り物等でこども達は現下の食糧事情下、充分とはいえないまでも幸福である。その蔭には所長はじめ職員一同の身の削られる様な努力がある。昭和二一年の食糧危機の時にはどんなにもがいても充分なことは出来なかった。「やせているこどもを明けくれ眺めては己が力の乏しきを塊ず」この歌は当時山下所長がその苦哀をよんだものである。現在は体重平均五ｋｇ以上も増加し血色も極めてよく、入所当時の悲惨な栄養失調の面影はどこを探しても見付かり得なくなった。

F、衣服方面　衣食住は人間の欠く事の出来ないものであるが、特に現下の繊維不足の状態に於て、運動の激しいこども達の衣服の補充は食糧に次いで難しいものである。一般家庭と異なり一時に多量の衣類を揃えねばならない当所に於ては常に先へ先へと、春のものは冬に、夏のものは春にと支度してゆかねばならないのである。しかし不足がちな衣類も関係当局の援助並びにララ物資の贈り物、或は在外同胞諸先輩より寄せられた種々なる贈り物により現在では、他の一般家庭に劣らない。引いては中流家庭の子弟の如きすばらしい服装も多少は出来る状態となったのである。

児童の自治組織の会合

童心寺本堂での朝参り

G、宗教方面　児童の大部分の家庭は浄土真宗であった。所内では毎朝自由佛参をおこない亡き両親への回向を怠らず、毎日六日には親兄弟の命日としての法要が営まれ、又一六日には宗祖の御命日としての佛事が何れもおごそかに和やかな気持ちの中に行われている。

「職業指導教育」　所外部の教育に於ける専門家を招いて毎月「児童指導研究会」をおこない、児童の将来の目的を各個について調査し、具体的職業指導教育の計画を図っている。右調査に依れば、

（男子）

◎牧場経営……二　◎警察……三　◎大工……四　◎僧侶……五　◎漁業……三

◎農業……八　◎医師……二　◎実業家……二　◎運転手……三

◎その他　服屋　果物商　機械工　風呂屋　学校教師　大学教授　船員等各一

（女子）

◎洋裁師……一〇　◎お茶お花の先生……一　◎幼稚園教師……一　◎芸能家……一

従来の如き一定した授産場式のものは作らず、各人の希望を成るべく生かす様、技能指導は実地について見習させる。

「職員」

A、信条　1、父となれ母となれ

2、売名を排す寄贈全品を神聖に

B、勤務　当所の職員の勤務は全く菩薩道を歩む者でなくてはならぬ。山下所長の社会事業に対する高き理想とその熱情に感激し、全く孤児達のために全てを捧ぐるところの純情を有する青年職員の同志的結合

僧侶の誕生

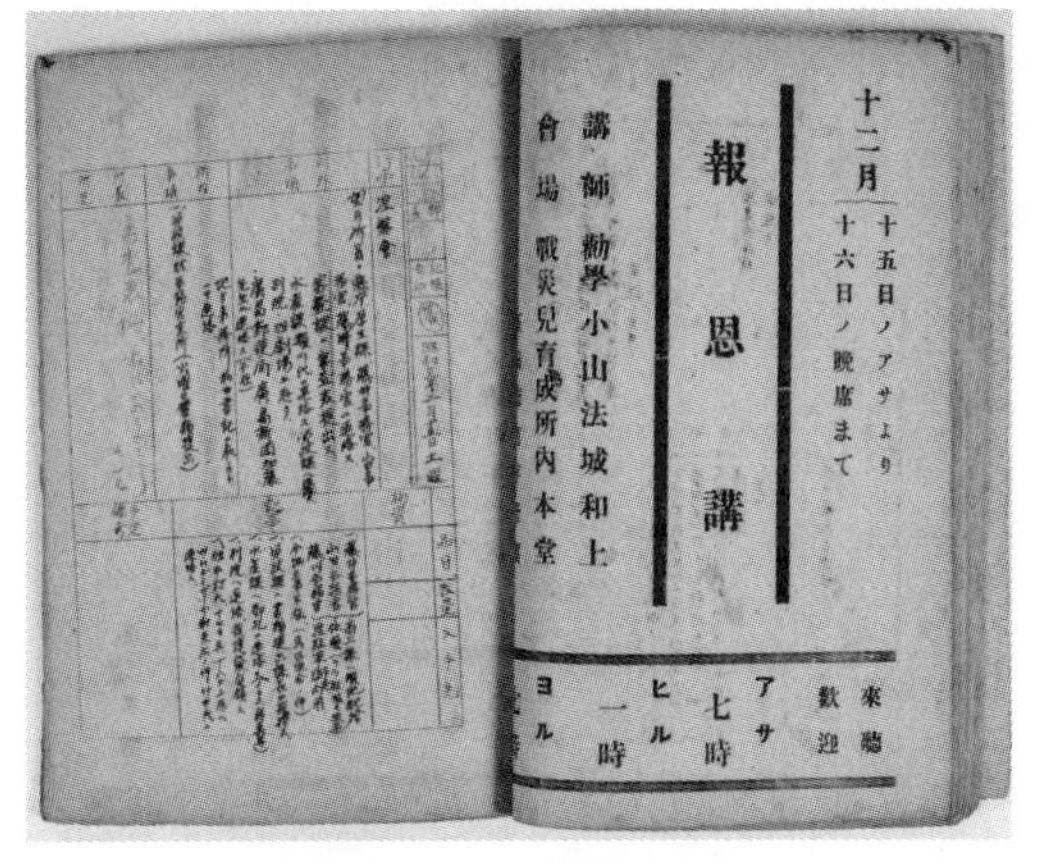

十二月 十五日ノアサより 十六日ノ晩席まで

報恩講

講師 勸學小山法城和上
會場 戰災兒育成所內本堂

來聽歡迎

アサ 七時
ヒル 一時
ヨル

『事業部日誌』(昭和 22 年)

童心寺礼拝堂

によって立派な運営がなされつつある。

昼間は種々の業務に懸命の努力をすると同時に夜間は全く父として、母としてのこども万端の世話をなすのであるが、その間に絶えず自己の教養を高める為、毎週月曜日に茶道、華道、一、三水曜に文学書道哲学講座が夫々講師を招いておこなわれている。

C、職員　1、常勤職員（二〇名）

男子＝七名　女子＝一三名

2、嘱託職員（六名）

文学＝一　心理哲学＝一　医師＝二　華道＝一　茶道＝一

現在児　七七名

学童　男三三名　女二三名	疎開孤児　四三名	親子再会児　五名	虚弱児　一四名
幼児　男一〇名　女七名	原爆罹災児　三四名	兄弟姉妹児　一三組 三四名	故障児　六名
中学生　二名	県下孤児　七三名	親族引取児　一一名	無断家出児　七名
卒業生　二名	他府県孤児　四名	養子縁組　三組	再帰所児　五名

『育成日誌』

『育成日誌』（昭和二三年三月）が記載している内容は、次のとおりである。
前年の同日誌と同様な記載欄で記入されている。

◆『育成日誌』昭和二三年三月

三月一三日

生徒数　一年生：男五　女一　計六
　　　　二年生：男四　女四　計八
　　　　三年生：男四　女一　計五
　　　　四年生：男六　女一　計七
　　　　五年生：男七　女三　計一〇
　　　　六年生：男七　女四　計一一
　　　　合計　：男三三　女一四　計四七

記事　授業

衛生　ビスケットによる下痢嘔吐数名あり。

所感　ビスケットのため、嘔吐を催した子が数名いた。
今後ビスケットの量を考えて与えなければ与えた甲斐もなく、かえって悪影響を及ぼすのではないかと思う。

三月一四日

生徒数は上記と同じ
記事　休校
所感　一日中陰気なお天気であった。児童は戸外遊戯ができないので室内にて一日をすごす。
室内でも楽しくこどもが遊び楽しく一日を送るよう、お母さん方は工夫しなければならないと思う。

育成所内の野球チーム

文学者吉川英治氏と談笑

『広島戦災児育成所要覧』

以下は、『広島戦災児育成所要覧』で示された運営方針、特色、今後の方針である。

◆『広島戦災児育成所要覧』（昭和二三年八月）

運営方針

A　理念　（1）祖国再建の材となれ
　　　　　（2）人類救済の天使たれ　｝真善美聖の創造

B　家庭　（1）礼儀正しく
　　　　　（2）勤勉努力すること
　　　　　（3）慈悲深きこと　｝健全なる中流家庭の躾

C　教育　（1）新自由民主教育
　　　　　（2）孤児感を抹殺する所内学校教育
　　　　　（3）教育と家庭との一体化の実現

D　生活　（1）集団と個の家庭生活との融通
　　　　　（2）自由独立生活への進展

E　宗教

（1）礼拝堂の荘厳
（2）毎朝夕の自由佛参
（3）県下寺院の協力
（4）職員の宗教心の高揚
（5）職員にして僧侶たるもの三名あり

特色

（1）広島市原爆孤児を収容すること
（2）所内に学校を併置すること
（3）宗教情操に留意すること
（4）中流家庭を標準とすること
（5）事務及び寄贈金品を厳正にすること
（6）所長の信念に感激し集まり、優良職員を選任すること

今後の発展策

A　世の趨勢に鑑み当所を中心とする総合的社会事業を企画し、乳児の保育授産事業等について計画中である。

B　孤児の将来を考え、その職業教育を兼ねかつ、自活自立の途を講ずるため適当なる事業を経営すべく、職業補導工場については、既に授産場設置の認可あり。目下当局に於て手続き設計中である。

昭和二二年の目標（三年目の目標）

第一　所風の完成　礼儀正しい家庭
奮闘努力の家庭
慈悲深い家庭
}の所風をますます発揮すること

第二　教育の完成　学校教育の充実（教室の完備学力の増進予復習の奨励）　中等学校への進学
こども図書室の完備　勤労及び職業教育への前進　研究会の設立

第三　家庭の完成　優秀なる担任母の養成　各家庭設備の完成　母親教室の精進　家庭躾の向上
家庭経済の確立　家庭娯楽の考究実践　家庭間の交際　家庭と社会の接触

第四　保育の完成　託児の開始　炊事の区別　遊戯の増加　保母の向上　乳幼児の保護開始

第五　衛生の完成　掃除の徹底　保健衛生の強化　治療施設の完備　施療の開始
便所塵芥の処理改善　洗面所手洗所の完備　下水溝の改良保温冷凍の設備
所内の風致緑樹化

第六　栄養の完成　理想炊事場の完成　食糧物品倉庫の改修　栄養予定の確立　調理法の講習
家庭自炊への前進　材料購入の方法改善　家畜の飼育　原料の自家製造

家庭自給園の完備

第七　勤労の完成

所内勤労作業の計画化　児童勤労事業の開始　社会勤労事業への突進　授産場の開始

第八　福利の完成

所内売店の新設　職員生活の向上　文化講座の増加　視察の派遣
身上及び結婚の尽力

第九　事務の完成

機構の合理化　経費の予算化　文書及び統計の完成　業績の反省　所報の発行
西日本孤児連盟の結成　講習会等の企画　県下感謝　当面の計画

第十　設備の完成

自給農園の確保　温室の入手　寄宿舎の接収　家庭第二棟の建築
乳幼児収容寮の新築　風呂場炊事場便所の新築　食堂の改修　運動場の拡張
茶亭の改築

天皇行幸を迎えた児童

広島に天皇が巡行したのは、昭和二二（一九四七）年一二月七日であった。山下はじめ育成所職員、児童は、緊張してその日を迎えたが、そうした様子は山下所長がまとめた多くの書類に残されている。「準備要綱」で記録されている内容の主な事項は、次のとおりである。「準備事項」のそれぞれの役割では、所長以下、職員、「育成会」理事など、関係者二八名が当日に向けての役割を担っている。

◆「準備要項」

天皇陛下奉迎要項

天皇陛下中国御巡幸に際し、我が育成所御覧の思召にて親しく所内へお迎え申し上げるため、県当局及び宮内府当局には数回にわたり実地御踏査せられましたが、遺憾ながら道路狭少にて十数台にわたる自動車の御進入の方法がないためやむを得ず、全員観光道路まで出むいて奉迎申し上げることにした。然るところ、陛下には特に鹵簿を駐められ親しく児童の奉迎をうけさせ給うことになったので、以上の趣旨を了承の上、次の要項によって万遺漏なく御奉迎申し上げたいと申し上げる。

昭和天皇（中央左）、出迎える山下（中央右）

昭和天皇（左上）に、児童が頭に負った傷を見せる山下（左下）

準備事項

責任者（所長）
総務係
指導係（定刻までに職員児童を定位置に指導　引率帰所）
服装係（服装　散髪　美容　持物　はきもの）外套の研究
会場係（所内の清潔整頓装飾　佛旗　吹流し　赤白の幕等　御迎所の立札　幕）
案内状係（財団役員　職員家族　里親　後援者等　平素御世話になる商店近所等）
記録係（記録　写真）（献上アルバム）
連絡係（内外との連絡）
記念行事係（植樹　内祝）
救護係（健康　衛生）
昭和二二年一一月二八日　午後七時より事務室に於て行幸奉迎についての打ち合わせ会
一一月二九日一〇時より事務室に於て天皇に対する観念の説明「天皇は日本国の象徴であり」という点に
立脚する憲法上の天皇の説明

奉迎後、広島市の『行幸記念誌』編纂資料提供の依頼にたいしては、山下は次の文書を寄せている。

◆『天皇陛下行幸　奉迎ニ関スル記録』（昭和二二年）

天皇陛下の広島御巡幸については　私は非常に深い関心をもった一人である　第一に　日本の歴史に大変動を与へた原爆都市の広島にお出でになるといふことについては　その御巡幸ぶりが内外に対して大きな影響があるので非常に注意を致して居ったのである

私はこのことについて片山総理に質問の形式で予め注意を促しておいた、また或種の点について皇室と最も密接なる関係にある松平参議院議長と幾度も会談したのであるが色々の意味において極めて遺憾な点があったことを思ふのである　例へば　時間の非常に切りつめてあったこと御立寄り先の極めて形式的であったこと　後世に深い印象を与へる様なスケジュールでなかったこと等である

また別の意味において（は）殊に原爆孤児が御迎えするといふことについては関係者として非常なる緊張を致したのである　神様天皇から人間天皇へお変りになった陛下を我々が如何に迎へるべきであるかその人間天皇と孤児達が如何に対面するかといふことについて

色々に考へさせられて居ったのである　然るに目のあたりに御迎へし孤児達にも対面して頂き御言葉も頂いて関係者一同が非常に喜んだ有様を見て私も大変嬉しく思ったのであった

すべての日本人が持ったと思はれる或種の温い気持がわき非常に深い親しみを覚へたことはいなみがたい事実である

やはり天皇は日本国の象徴であって天皇制は日本国民に最もふさはしい体系であることを今更の様に感ぜざるを得なかった
私はかねてから存じ上げてゐる貴賓をお心やすくお迎へ申し上げることが出来ましたといふ気持である。

『被服日誌』

『被服日誌』では、この頃の育成所の様子について次の記載がある。物品管理と身だしなみに注意が払われた。

◆『被服日誌』昭和二三年度

四月七日

入庫　なし
出庫　靴下二三足、ネル布三M位
使用者　京都行
作業　明日京都行きの為其の仕度
使用物　糸、ゴムテープ、ボタン
所感　前々から支度をしてあったつもりでも中々用事のあるものである。
　家庭のお母さんとよくよく連絡しなくてはいけないと思います。

四月八日

入庫　なし

出庫　スカートララ四枚、ズボン三枚、学生服黒二六着、慶応型三着

使用者　作法室客室二室、作法室二室　六年生以下男用　五日市小学校の支度

作業　炊事昼まで　春ボックスの袖付け直し　パンツ仕立

使用物　糸

所感　今日は一年生入学　いよいよ五日市の学校へ行くことになり被服も今迄以上はりきらなくてはいけない。

『被服日誌』（昭和 23 年度）

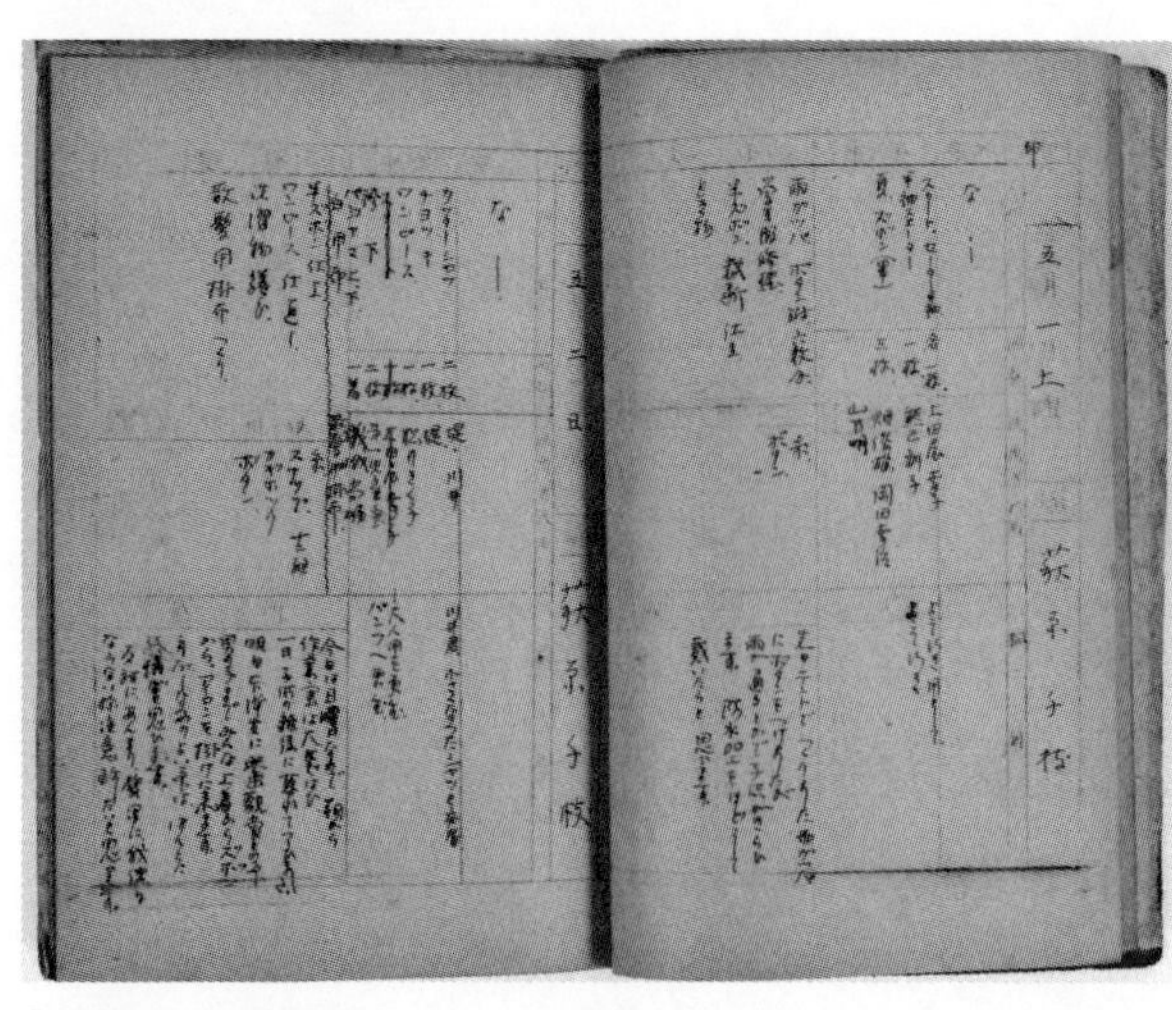

『被服日誌』記載内容

『家庭日誌』

『家庭日誌』は、「本堂」あるいは「青葉寮」などの寮ごとに綴られた。
『家庭日誌　本堂』の記載は、つぎのようであった。

◆『家庭日誌　本堂』昭和二三年

九月一〇日

行事　座談会
学習状況　杉原修二　算数一二問題成績やや良
躾　下駄のぬぎ方が乱雑なのを注意した
被服　谷口、河村、増田各々の靴下を繕いする
掃除　甘藷畠の草取りみんな元気にしていた。途中雨のため中止
衛生
所感　崇中〔崇徳中学のこと〕が随分遠方なので朝食もしないで行って可愛想であった。お弁当を持って行ってうれしそうな顔を見た時には何とも言えない気持ちがした。

九月一一日

行事　心理学講座
学習状況　谷口、川井、今田、増田、各自英語の自習、河村数学自習、約一時間まじめにしていた。
躾　昨夜の久保田先生をまじえて座談会で言葉遣いをよくする様、注意で大分よくなった。
被服　堤のシャツの繕い
掃除　雨の為、きれいに出来ない杉原一は良くした。谷口は気がよくついて言わなくてもする。
衛生　杉原修二腹痛下痢
所感　心理学を聴いて自らを反省し恥ずかしくなった。今からうんと勉強しなくてはと非常に感じた。

日常の心ずき

・掃除はよいか
・掃除具の片付けはよいか
・ゴミだめはよいか
・便所はよいか、手洗水はあるか
・洗面場はよいか
・水道管はよいか
・非常水はどうなっているか

『家庭日誌』
青葉寮、竹寮、梅寮、双葉寮、作法室、本堂、学友館のほか、控室、寄宿舎ごと、児童室ごとにつけられた

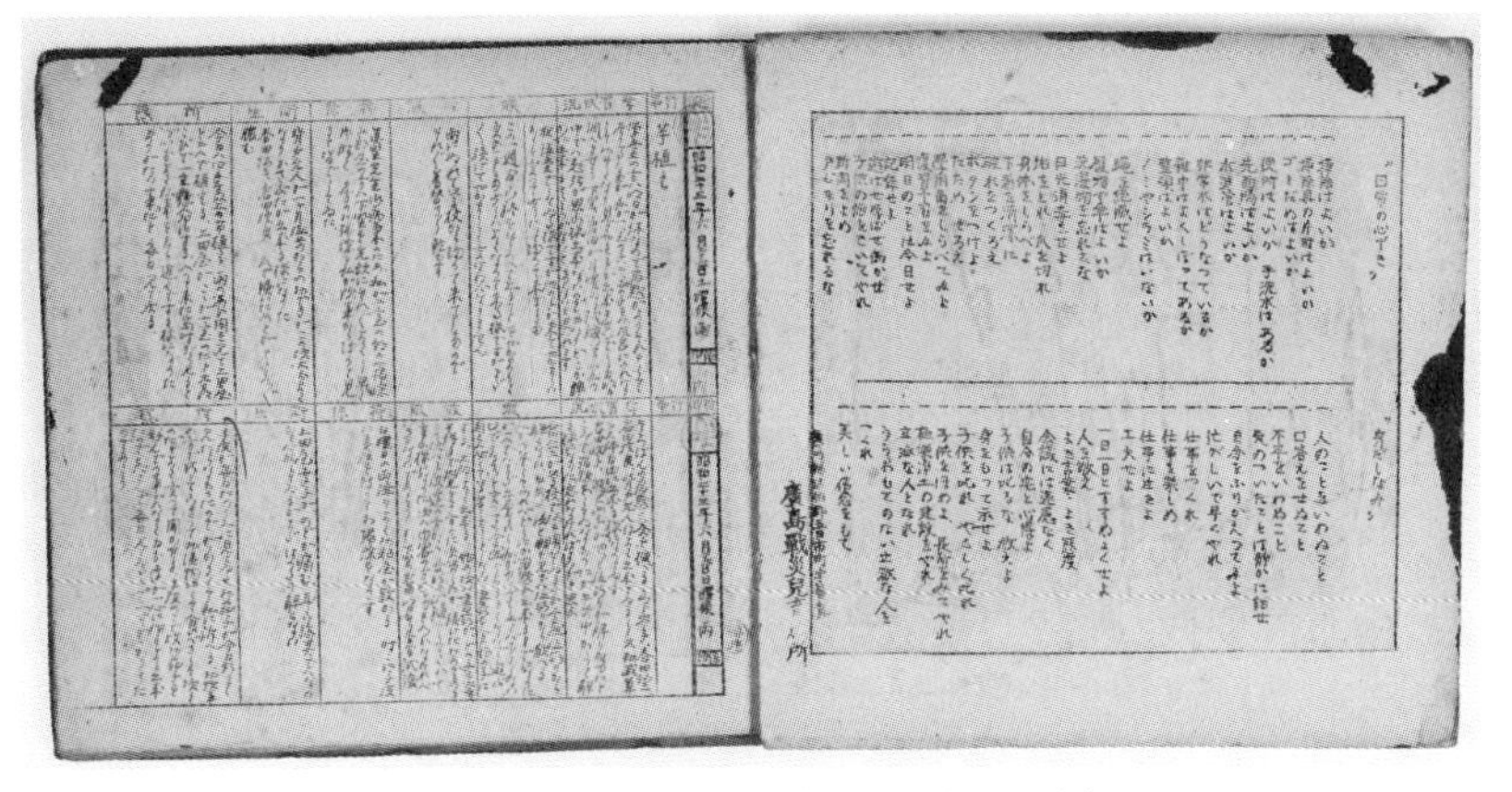

『家庭日誌　第一児童室』（昭和 23 年 6 月起）

・雑巾はよくしぼってあるか
・整頓はよいか
・ノミやシラミはいないか
・蝿を絶滅せよ
・履物や傘はよいか
・洗濯物を忘れるな
・日光消毒をせよ
・垢をとれ、爪を切れ
・身体をしらべよ
・下着を清潔に
・破れをつくろえ
・ボタンをつけよ
・たため　そろえ
・学用品をしらべてみよ
・復習予習をみよ
・明日のことは今日せよ
・記録せよ

・遊ばせ学ばせ働かせ
・こどもの話を聞いてやれ
・新聞をよめ
・戸じまりを忘れるな

身だしなみ

・人のことをいわぬこと
・口答えをせぬこと
・不平をいわぬこと
・気のついたことは静かに話せ
・自分をふりかえってみよ
・忙しいで早くやれ
・仕事をつくれ
・仕事を楽しめ
・仕事に生きよ
・工夫せよ
・一日一日とすすめ、よくせよ

・人を敬え
・よき言葉、よき態度
・会議には遠慮なく
・自分の宅と心得よ
・こどもは叱るな、教えよ
・身をもって示せよ
・こどもを叱れ、やさしく叱れ
・こどもをほめよ、長所もみてやれ
・極楽浄土の建設をやれ
・立派な人となれ
・うらおもてのない立派な人をつくれ
・美しい信念をもて

「お母さん」

山下家のこども達、晃・岑子・誠も育成所児童とともに育成所で生活した。当時、岑子が綴った文章である。

◆「広島戦災児育成所」（三年生　山下岑子）

私のお母さんは、山内先生です。

お母さんは、えんぴつを、けづりながらお勉強を見て下さいます。

ひまがあればかわいそうな本や家なきこをよんで下さいます。

おせんたくからつぎものもして下さいます。私くしはこのお母さんが大すきです。

夜はおそくまで私たちのことを、思って勉強いたされます。

そして朝早くからおきられてひまがあればみんなのふくやねまきをぬわれます。

お母さんがよそへいかれた時はみんなでそうじをしておいて、帰られたらみんな「きれいにおそうじをしましたね」とお母さんは、ほめて下さいます。

私は、こんな時はほんとうに心が明るいような気がします。

そしておみやげはみかんやあめをかって来て下さいます。

この夏お母さんがおみやげに買って来て下さった「花び」をみんながにこにこしながらしたのをおもいだします。

お母さんもわらって見て立っていらっしゃいました。

ほんとうに私のお母さんはやさしいお母さんです。


この文章は、『伸びゆく子』（財団法人　新日本児童愛護協会、一九四九年、一七九―一八〇頁）に掲載された。

カズンズ氏の精神養子

「精神養子」について、山下は多くのことを書き残している。新聞はじめマス・メディアも、しばしば報道した。

◆『育成の若干の記録』第五章

アメリカ、ニューヨーク市土曜文藝評論主幹ノーマン・カズンズ氏が来広したのは、昭和二四年の八月であった。午後四時すぎ、浜井市長はカズンズ氏を伴って育成所を訪問した。私は不在であったが、妻の禎子が応対した。映画に撮影するつもりであったらしく、陽の明るい間にすませようとしたが、その頃電力事情がわるくて、電圧が低いため、フィルムに収めることは断念したようである。二時間近く所内を見て廻り、妻と対談したのであった。通訳がそのまま通じたかどうか分からぬが、妻は「このこども達は米国も人道的責任があると思います。」と言ったそうである。カズンズ氏は「何か希望がありますか」とたずねた。妻は、「今、あなたは米国に帰ったら、できるかぎり援助の方法を考えるといわれたが、米国の方は言責を重んずると思いますのでよろしくたのみます。」と答えたそうだ。カズンズ氏はさらに「こども一人について一か月幾何程生活費がかかりますか」との質問にたいし、「約二〇〇〇円かかる。」と答えたそうである。それがどう間違えて通訳されたか、後に一人二ドル五〇セントということになった。翌九月末、「四年後のヒロシマ」と題するカズンズ氏の記事が掲載された土曜文藝評論を送って来た。それを見ると「精神的養子」の方法で、読者からの寄附金を募集する旨が書かれてあった。私はこのことを聞いて、あまり好ましいことに思わなかった。率直に言って不賛成であった。米国のために殺戮された被害者の子を米国から援助されることは、潔しとしない気持ちがわいたのである。かれらから謝罪をこそ求むべきで、金銭の助けを求めようとは思わなかった。妻の話もおそらくはかれらの責任を追及する意味のことを、少々感情を害しても、遠慮なくいうべきことを言ったのであると思う。妻もそうだと私に話した。それを言った時、カズンズ氏は面白くない表情をしたということであった。通訳の亀井さんは「奥さんはよく、おめずおくせず仰言ったものですね」と驚いたということである。

その頃日本人は「アメリカ」といえば泣く子も黙るというほどおそれていたのである。

カズンス氏から改めて、精神養子の方法で山下孤児院を援助したいと思う。それで、適当なこども達の写真と氏名、経歴など詳細にリストをつくって送ってもらいたいと言って来た。この返事をするについて、浜井市長の意見をもとめた。浜井氏は折角ですから承諾されてはいかがですかという意見であった。その時私は言った。「世間で批難するかも知れないが、私も宗教家である。恩讐の彼方への気持ちで、人道的善行として受け取ることにしましょう。平和のために。」と答えたのであった。こども達のリストをつくることは大変な作業であった。幸い近くに米国帰りの写真屋が出来たので、写真はそこでつくって貰った。当時としては相当の費用がかかったと思う。そのうち年も替って第一回の送金が銀行経由で送られて来た。この金を受け取る手続きも大へん面倒であった。いろいろの証明を必要とした。カズンズ氏は金を受け取ったら、寄附者へこどもから礼状と受け取りの手紙を出してもらいたいとの注文であった。当然のことであるから、早速それぞれに原文を書かせ、その日本文と、訳文と数葉の写真などを添えて、すぐに返事を出した。英訳は廿日市高校の先生にお願いした。中々に手数である。同時にこれらの状況を市役所に報告した。カズンズ氏からは、新しいこどものリストを送ってくれと言って来た。貴孤児院の約八〇名のこどもは全部寄附者ができると予想される。従って貴所以外に他に不幸なこどもがいれば、そのリストも送るよう手配してもらいたいと言って来た。広島市にこの旨を話して、他の施設の人々に市役所に集まってもらった。そして協議した。ある施設では「私の方は精薄児ですから適当な子は居りません。」ある施設は、「私の方は浮浪児で、出入がはげしいですし、適当なこどもが居りません。」と異口同音に言って、賛成しないのであった。われわれもそうであったが、みんなの考えでは、いずれ米国からこども達を見に来るかも知れない。その時、こどもが適当でなかったら、困ることが起きるかも知れんという心配があったのである。カズンズ氏からの送金には、この金は二ドル五〇セントで何人分の金、この金は山下孤児院の経費のために自由に処分してもよろしいと二た通りに分けられてあった。養親からもひんぱんに通信が来た。一々、しかもなるべく早く返信しなければならない。その事務は大へんな仕事になって来た。しかし私は、国際上信用を重んじなければならないと、職員を督励して、文通を怠らないようにした。いろいろ小包でギフトが送られて来た。不公平な現象が当然に発生して来た。こどもは欲がないから、羨望したり、嫉妬したりすることはなかった。できるかぎり公平に分配するように注意した。

このことは世間で大変評判になった。私はカズンズ氏に申し送って、今後は広島市長に直接送って貰いたい。市長を委員長として管理委員会をつくったらどうかと提案した。カズンズ氏は早速承諾して、市長にもその由をカズンズ氏から申し入れて来たのであった。こうすることは、内外の疑惑を注意することになると考えたからであった。他の施設も次第にこどもを精神養子とするようになった。

昭和二五年一月カズンズ氏は再び広島を訪問した。この時、いろいろの人がカズンズ氏の身辺を取り巻いているようであった。長田新、畑耕一、谷本清、森芳麿の諸氏は緊密な連絡をとっていたようである。私は東京に出張中であった。育成所長は妻であった。カズンズ氏は育成所を訪問したが、妻と語ることなしに早々に辞去したとのことであった。いろいろの人がカズンズ氏を促して急いで帰ったということであった。その夕刻妻はカズンズ氏の宿所「一茶苑」を訪問したのであった。こどもの代表として女子を同伴して居ったのであった。長田氏と畑氏とが面会を断ったとのことであった。妻は非常に不愉快を覚えたとのことであった。こういうことは世間にはよくあることである。外人との交渉などは言語の通ずるものが有利な立場に立つものである。恐らく何かの阻害がおこなわれたもののようであった。

私は昭和二六年一月米国を視察する機会を得た。約三か月であったが、その間ワシントンにて杉原修二君の養親のルーセル氏、ニューヨークにて吉野寛君の養親マッキヤンベル氏、佐久間三千彦君の養親のイヤー夫人などに親しく会って好意を謝することができた。マッキヤンベル氏は兎も角として、その他の人々はあまり有福な人ではないように見受けられた。切りつめた合理的な予算生活からカズンズ氏の提唱に応じた篤志家であった。ランダー嬢のごときは、むしろ薄給の生活者であった。嶬峨尚雄君の養親であった。私はニューヨークにてカズンズ氏の秘書スポール夫人に面会することができた。カズンズ氏は旅行中であった。スポール夫人は、寄附者のカードを私に示しながら、この仕事にはいろいろの問題があって、わたしは近く辞めるつもりであるとのことであった。寄附というものは、どこの国でも何かと問題の起きるものであると痛感した。

カズンズ氏からの送金はヒロシマピースセンターが支配権をもつようになった。長田、谷本氏等が中心であった。このピースセンターを経なければ奨学資金は受けられないことに変更された。米国ではグリーン氏が代行するとのことであった。こども達の中で育成所を出所しても引き続いて援助を受けるものがあった。それらのこどもは、奨学資金ということになる。上級学校に進学する者も同様であった。山田桂子さんは美容学校に入学するためピースセンターに相談に行ったら、何パーセントかは手数料として差し引くといわれた。東京に居る私に訴えて来た。そのことを米国の養親に相談したら、早速直接に送金して来た。私は一日も早く、これらの関係を解消したいと会願した。不愉快なことが耳に入った。米国でも次第に拠出者が減少したようであった。しかし約十年にわたって二千数百万円の寄附金が広島の施設に送られたことには、敬意を表して吝しむものではない。

「精神養子」については、新聞は多くの関連したできごとを繰り返し掲載した。

「五日市養成所　全孤児を精神的養子に」（『夕刊ひろしま』昭和二四（一九四九）年一〇月一八日）

「精神的な養子について」（『中国新聞』昭和二四（一九四九）年一〇月二九日）

「戦災児の道義的養子　資金委員会発足」（『文化通信』昭和二四（一九四九）年一二月二五日）
「『精神養子』の父が来た」（『朝日新聞』昭和二五（一九五〇）年一月一〇日）
「原爆養子NO．1　養父は学校の先生　愛の便りと衣類の贈物着く」（『朝日新聞』昭和二五（一九五〇）年二月二一日）
「携え磨く法の珠『養子』の声も断った」（『中国新聞』夕刊、昭和二五（一九五〇）年六月三日）
「『原爆養子』は訴う〝文句なしに戦争はイヤ〟」（『朝日新聞』昭和二五（一九五〇）年七月七日）
「原爆孤児を養子に　ク博士に迎えられイランへ」（『朝日新聞』昭和二五（一九五〇）年一〇月一四日）
「父母のあるお正月　指を折って待つ精神養子」（『朝日新聞』（夕刊）昭和二五（一九五〇）年一二月二〇日）
「精神養子　世話して欲しい」（『中国新聞』昭和二六（一九五一）年二月一五日）
「心尽しにただ感謝　カズンズ氏提唱の『精神養子』」（『広島平和新聞』昭和二六（一九五一）年七月一日）
「精神養子、どこでも好人気」（『朝日新聞』昭和二六（一九五一）年七月二八日）
「精神養子に千五百ドル　また一五名の縁組も決る」（『中国新聞』昭和二六（一九五一）年九月三日）
「日本の〝お土産〟はこれ　原爆孤児を〝養子〟に　ト女史福岡の宿で喜び語る」（『朝日新聞』昭和二七（一九五二）年五月一六日）
「うれしくて〝夢のよう〟　ト女史の精神養子たち語る」（『朝日新聞』昭和二七（一九五二）年五月二〇日）
「ボス氏も〝精神養子〟　広島の孤児二名選ばれる」（『朝日新聞』昭和二七（一九五二）年五月二一日）
「〝養育費として三千ドル〟　精神養子へ、グリーン氏が持参」（『朝日新聞』昭和二七（一九五二）年六月

一七日）
「幸福な精神養子二題」（『中国新聞』夕刊、昭和二七（一九五二）年八月五日）
「〝原爆の子〟を養子に　佛教徒豪州代表のク博士」（『毎日新聞』昭和二七（一九五二）年一〇月一五日）
「入国許可待つだけ　パキスタンの養子になる原爆孤児」（『中国新聞』昭和二七（一九五二）年一〇月二六日）
「カズンズ氏の依頼で精神養子の実態調査」（『朝日新聞』昭和二七（一九五二）年一一月二二日）
「精神養子らへ二千五百ドル」（『朝日新聞』昭和二七（一九五二）年一二月二〇日）
「精神養子運動　往復書簡五〇〇余通を保存　施設リストなど関係資料も多数」（『中国新聞』昭和六三（一九八八）年七月一一日）
「ヒロシマ精神養子」1～10（『中国新聞』昭和六三（一九八八）年七月一三日～八月一日）

育成所は、多くの来訪者・見学者を迎えた。

山下にとって、印象深いできごとのひとつが高松宮の来訪であって、次のように育成所の説明をして、印象を記している。

高松宮の視察

◆『育成の若干の記録』第四章

高松宮がお出でになったのは、昭和二三年一〇月二一日であった。殿下の御来訪は心から歓迎した。それは殿下が社会事業について中々造詣の深い方であるので、玄人的シャープな御批判をして頂いて、参考にしたいというこころ、その中には、こういう人に見て貰うことは、折角一生けんめいにやっているわれわれとしては、張り合いがあるということ、それに前にしるしたように、少年僧の得度について、深い理解を示されたとかいうことを伝聞しているので、その御視察をいただくことは心から喜んだことであった。

殿下は午後三時五〇分に到着された。私はすぐにと粗末な事務室へお通し申し上げた。おしぼりをだしたら、お使いになった。茶菓を差上げたらお召し上りになった。

私はつぎのように育成所の概説を申し上げた。

殿下、よくお出で下さいました。簡単に、当所の概説を申し上げます。

第一に、当所の児童は、原爆広島の孤児でありまして、この育成は重大であると考え、そのつもりでやって居ります。開設につきましては、楠瀬知事の協力を得ました。（楠瀬知事随行する）

第二に、大体に、少々贅沢にやって居ります。中流家庭を標準にして居ります。職員は私以下一九名、いずれも初めての者ばかりでありますが、真面目にそして熱心にやって居ります。それぞれ良家の青年で、高等教育を受けた者ばかりでございます。

第三に、児童の健康状態は良好でございまして、死者も病人もございません。衣、食、住ともお陰で十分でございます。教育は三年間当所内で小学校に通学させて居ります。一般児童との仲もよろしく、とても楽しく通学して居ります。「親なし」とか「孤児」とかいわれることは絶対にございません。地元の町民は全く親同様に可愛いがってくれまして、当所の事業を熱援してくれます。現在八四名、内中学生二九名、小学生四六名、幼児九名、以上男子五九名、女子二五名で、年齢は五歳が二名、一八歳が三名、平均一二歳でございます。

児童の将来の希望は次の通りであります。

一、洋裁店　八名
一、商業　八名
一、農業　六名
一、建設業　五名
一、水産海運　四名

一、自動車業　三名
一、教員　三名
一、警察官　二名
一、牧畜業　二名
一、茶師匠　一名
一、官吏　一名
一、探検家　一名
一、美容師　一名
一、鋳物業　一名
一、医師　一名
一、天文学者　一名
一、大学教授　一名

右の外五名の者が西本願寺で得度いたしました。これは将来宗教家に仕立てたいと思って居ります。

第四に、経費につきましては一か月二三万円を要します。

この財源は、一一万円児童補助、七万円教育補助、一万円寄附等で、四、五万円位不足いたします。共同募金その他借入金でまかないますが、現在約一三万円位負債があります。

本所は開設以来、四か年目になりますが、ここへ御持参になるもの以外は、外部に向かって寄附金品の募集をいたしたことはございません。随分寄附募集の音楽会などの開催を賛成せよとの申し込みがありますが、利用するものが多いので、堅く断って居ります。

第五に、今後充実したいと思いますものは、図書室、音楽関係、冷蔵庫等炊事場の改善、運動場の拡張等であります。現在、敷地二〇〇〇坪、主たる建物一一棟で、近く新児童寮二棟が落成する予定でございます。最後に、私共はこのこども達が成人して片づきましたら、この事業からお暇をいただくつもりで居ります。そのあとは何かに有意義に使ってもらえばよいと考えて居ります。この事業を家業とする意志はございません。

一〇分間という報告は長い方であったが、殿下は熱心に聴取して下さった。

「少年僧は今どうして居りますか」と質問された。私はそれにお答えして、所内の御巡覧を案内した。その途次で、宮本君の頭の傷痕を指され、「健康上影響はないか」と尋ねられた。玉垣医師がお答えした。勝子ちゃんがひどくむづかっていると「甘ちゃんだね」と笑って見せられた。医務室では各種の統計やグラフを綿密に見られ、いろいろとお質ねがあった。それから食堂へ御案内すると矢庭に、「ほう、これが食堂かね、随分立派だね。」と感嘆された。学友館、二葉寮、青葉寮を経て、童心寺に向かわれた。本堂の前に五人の少年僧がお待ちした。「有名な少年僧は諸君かね、お坊さんになることはいいことだ。しっかり勉強したまえ。一番先に言い出したのは誰かね。」

「君は幾歳になる?」

など微笑をもって、慈愛の眼をなげかけて下さった。梅寮、竹寮を見てもらった。

「これは良い建物だね。」

「中々立派だ。全国の養老院、養護施設が、みんなこれ位になってくれたらなあ。」

といわれた。例によって光ヶ丘の茶亭で小憩していただいた。ここでいろいろのお話があった。

Ⅳ・「広島戦災児育成所」の終わり

育成所の歴史

広島戦災児育成所創立から五年たった昭和二四（一九四九）年、山下は「昭和二五年度事業計画書」のなかで、育成所は事業完成にむけて、発展途上にあることを強調している。

◆「事業計画書」昭和二五年度

(1) 創立第一期

創立当初の苦心は今更言うまでもなく、たまたま終戦直後の混乱時代に引きつづいての物資欠乏食糧飢饉時代に入り、公費補助の道も未だ開かれず、職員陣も充実することを得ず、全く応急非常の態勢をとりつつ、本所自体の力をつくして次ぎ次ぎと建設又建設を進めるの外はなかったのである。しかもインフレはますます極度となり、実に血涙をしぼって苦難の道を突破したのであった。この間——昭和二〇年より昭和二三年三月までを苦難創立時代と名づけることにする。

(2) 創立第二期

次いで、建設物も次第に落成し、職員も増加しその質も向上し、児童福祉法の実施、教育分担補助金の増加・共同募金の配分等と経営費の財源が確保せられたので、施設としての内容も若干整い、備品什器も児童達の衣食住も一段と改善することが出来、又教育面も貧弱なる所内学校を廃して一般小中学校に通学せしめ、普通良家の子弟に伍しても処遇性質態度等何等遜色なきのみならず、或は遥かに勝れたる点もあるやに観られるようになり漸く落ち着いた一大家庭の様相が出現するようになったのである。これを現在の状態とする。しかしながら尚大観すれば、まだ建設創業の第二期といわねばならない。

(3) 創立第三期

すなわち昭和二四年の第三四半期以後から同二五年度にかけて創立第三期に入り、本計画の如き事業、完成を図らねばならないと考える。かくて創立満五か年にして初めて児童養護施設としての輪郭だけは一応完成したといえるであろう。

この資料は、いろいろな読み方ができるが、ここでは昭和二八(一九五三)年の「広島戦災児育成所」市への移管が、山下義信の本意ではなかったことを示す例証としたい。「創立第一期」「創立第二期」に続く「創立第三期」においても、施設の増改築を計画し、計画にそって建物・施設はさらに完備されたのである。

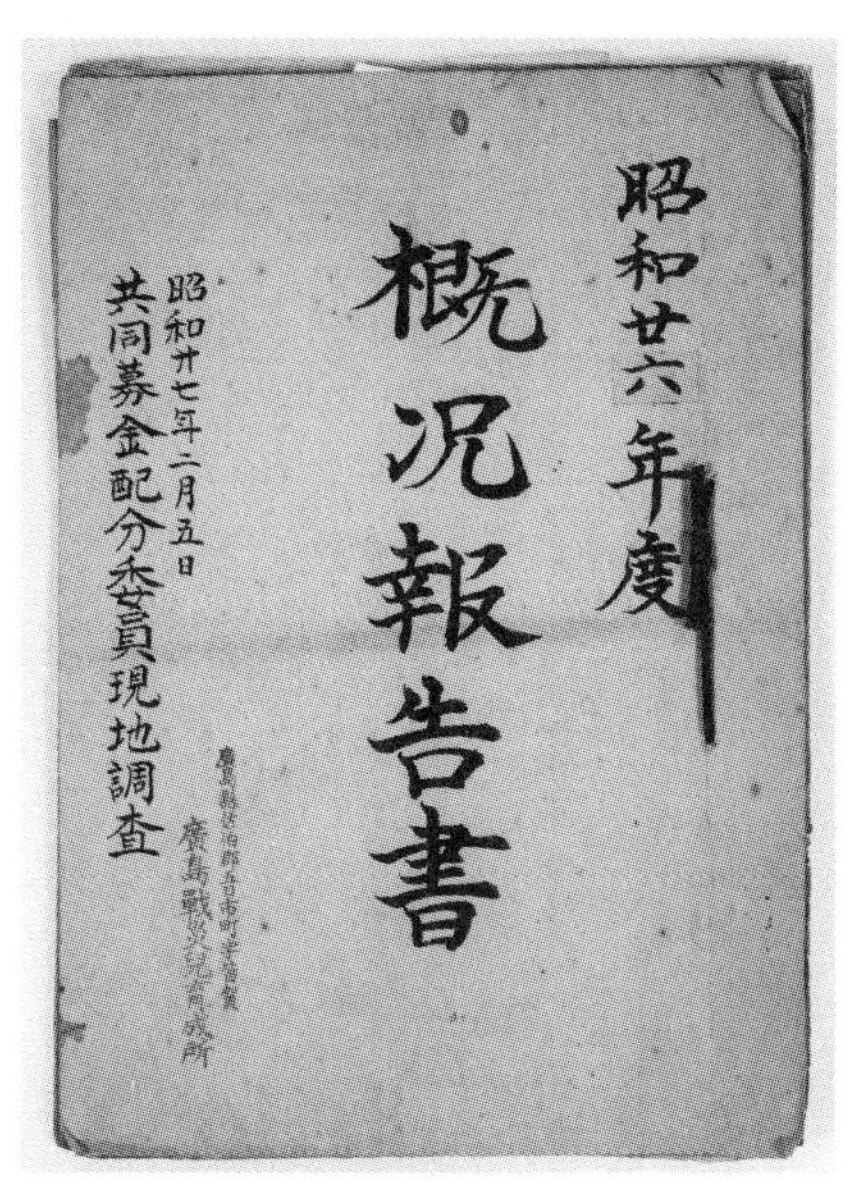

『概況報告書』（昭和二六年度）

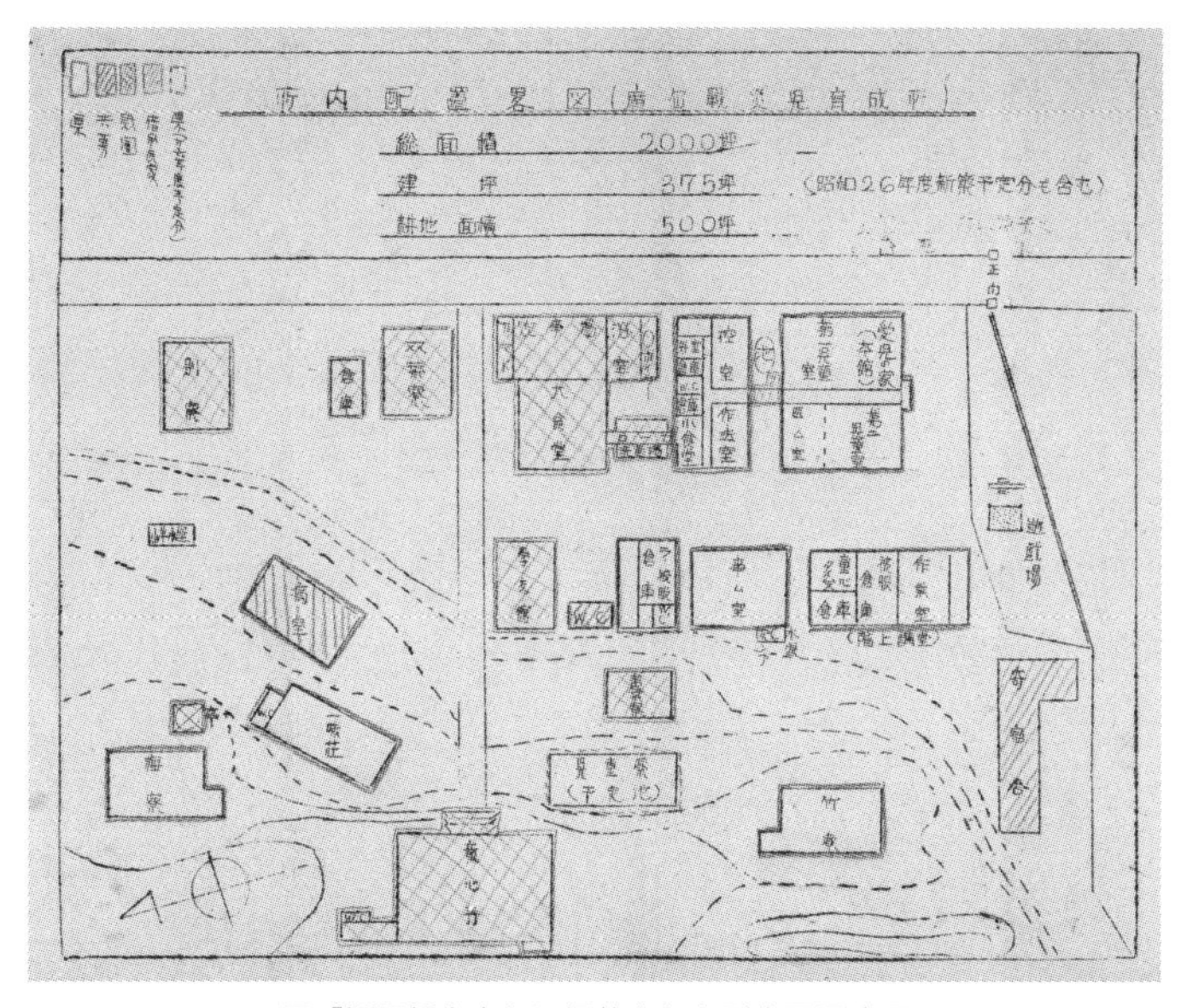

同『概況報告書』に掲載された所内配置略図

経費概要

育成所は社会福祉法人など組織形態の変遷を経て、財源難と戦いながら運営された。当時の経費概要を示す。

◆「広島戦災児育成所一覧」（昭和二七年五月一日）

経費概要（単位は円）

年度別	歳出金額	寄付金額
昭和二〇年度＊	一四六、七二七	三七、八九八
昭和二一年度	八六七、八八八	一九三、七一八
昭和二二年度	一、七九八、四五五	二七〇、三九〇
昭和二三年度	三、八四五、六一二	一三四、〇〇六
昭和二四年度	五、〇六六、八三四	一八二、九八〇
昭和二五年度	五、〇四四、三二九	二〇三、六六三
昭和二六年度	五、〇一三、三一二	八一、二六九
総額	二一、七八三、一六一	一、一〇三、九三六

＊昭和二〇年度は開設時の十二月～二一年三月分。
＊＊銭の単位も記載されていたが、切り捨て表示した。

広島市への移管

「広島戦災児育成所」は、山下義信広島戦災孤児育成委員会理事長が、施設を広島市に寄付する「申請書」を広島市に提出して、市に移管する手続きがすすめられた。

次の文書である。

◆『育成の若干の記録』第一二章

申請書

昭和二〇年原爆直後、当施設を創始いたした当時からなるべく速に広島市に於て引き受けられるよう希望し置いたことは当時の名柄市学務課長、同矢吹社会課長の承知されることと存じます。爾来いつの間にか歳月は流れ、殆んど八歳に及ばんとするのでありますが、最早や私共の力にては現状の維持は困難となって参りました。その主たる原因は収容児童の平均年齢は満一四歳となり殆ど中学校以上に通学し、その教育費、被服費等も相当巨額に上り、又文化費の計上等も必要となって来ましたが、到底、児童福祉法に依る補助金、共募配分金等にては賄い得ず、さりとて折角の生活環境を一変しその内容を低下させることも忍びませんので、種々の経費の切りつめ人件費の節約等努力いたしましたが、将来のことを考え、ことに孤児福祉事業のごときは出来る限り公共の経営に委ねることが万全であると確信いたしますので、今回当方、社会福祉法人理事会の賛成を得て有姿のまま全部、広島市に無償寄附の手続きをいたし、広島市に於て経営せられるようにお願い致したいと存ずる次第であります。

今日に於ては、全国各地施設共次第にその水準を高め、児童福祉の内容も漸次充実向上して参りましたことは、御同慶に堪えないのでありますが、殊に広島県当局が近時特段の努力を致され、従って私共いかばかりかその恵沢を蒙り永く感謝に堪えない次第であります。唯、御諒察を賜りたいのは、当所は実に広島市原爆犠牲の孤児のみを収容対象として開設した施設でありまして、原爆被害の世界的意義の軽々にいたしがたいことを痛感し、当初より極力、最善をつくし、彼等可憐なる不幸児の福祉を保障せんと企画し、ある限りの力を残りなく集注いたしましたので、私共の限りある力だけでは長期これに堪え得なく相成りましたし又一方にては、共募実施のその以前から全然寄附というものを募ったことは、一度もありません。戦後混乱の世相の中に於て、新たなる社会事業に対し紛々たる世評に翻弄せられては、事業の進展が阻害されることを憂い遂に寄附のために行動したことは一度もなくて今日に及んだのであります。唯、私が我国社会事業の興隆と政府施策強化のため已むなく国政に参加したため本事業に好もしからざる影響を与えたことを慙愧いたすのみであります。しかし乍ら、事業の純粋性、良心性はあくまで堅持、死守しまして、苟も本事業を利用、悪用するが如きことは自他に対し断乎拒否して参りました。

従って、各方面に対し或は無愛想、或は御無礼、或は時に無遠慮に振る舞うなど失礼に打過ぎました段は重々御寛容、御諒恕を仰ぎたく存じ上げます。

結局、事業の目的は尚、中途にあると思われますが前途の通り、私共、力つきましたので此の度、広島市に経営委譲いたし、広島市によって更に一段と原爆孤児の上に最大の福祉を加えられんことを切願いたしまして此にその手続きをさせて頂く次第であります。

何卒御許可の程お願い致します。　敬白

昭和二七年一〇月〔□〕日

社会福祉法人広島戦災孤児育成委員会
理事長　山下義信

広島県知事　大原博夫殿

山下所長の思い

広島市への移管が現実になった当時の「広島戦災児育成所」所長は、山下夫人、禎子であった。禎子は移管に際して、これまでの思いを綴っている。

◆『育成の若干の記録』第三五章

ふりかえってみますれば、八年間、永い様でもあり短い様でもあり、ただ無我夢中でみなみな様のなみなみならぬご援助によりまして遅々たる歩みでは御座居ますが此処迄たどりました。

あの時の赤ちゃんは早や二年生、六年生だったこどもは高等学校にと、こどもが大きくなるにつれ、私たちの小さな手よりも大きな手に抱かれて行くことがこどもにとっては幸福になるのではないかと思う様になりました。

一体、日本の現状では社会事業はみんな公営にするのが望ましいことで御座居ます。

こどもと別れるということは丁度母親がこどもを置いて里に帰る様なもので御座居ますが、而しこどもの将来を思いますと

所長時代の山下禎子

私的の感情ではいけないのでございます。何卒何卒お役所式でなく真実の親の愛情になってはぐくみ育てて行かれることを祈ります。

そしていつ迄も、おぢいちゃんおばあちゃんと呼ばれる如く、蔭ながらこどもたちが幸福の道をたどり立派な社会人になるよう見守ってやり度いと思います。

広島市のこどもとして市、当局並びに市民の皆々様には父となり母となって、温かい手にしっかりと抱いてやって下さるよう御願い申し上げます。

このこどもたちは一瞬にして温かい家庭と優しい親を失ったので御座居ます。

その悲しさ辛さを諦めるのにどんなにか心で戦かって来たことでしょう。

やっと平静になれたと思えば、こんどは社会の荒波にもまれ、そのきびしさにどんなにか泣くことでしょう。

それを思えば可哀想で可哀想でなりません。

山下禎子

施設収容児童の措置

山下は、広島市への移管に際する「措置」について、次のように書き残した。

◆『**育成の若干の記録**』**第三五章**

広島戦災児育成所は現在男子五一名女子二五名、合計七六名の児童を収容して居ますが厚生省児童局、広島県民生部、広島市及び関係者の熱心なる斡旋に依り、社会福祉法人広島戦災児育成会から広島市に対して、無償寄附の手続きをなし、広島市は寄附を受納してその儘の経営を継承することに意見一致し、広島市会は昭和二七年一二月二五日満場一致これを承認するの決議をおこのうた。

依って、社会福祉法人広島戦災児育成会解散後は直ちに広島市の経営する広島市戦災児育成所として収容児童はその儘育成される。

広島市への移管交渉

移管について、山下は広島市とのやりとりを、以下のように綴っている。

◆山下義信の手書き文書

一、二七年一二月二八日午後　丹羽民生局長室
育成所寄附申出（市営移管ノ件）市会デ可決サレマシタ。
一月五日受渡式ヲシマス。山下氏一族ハ即刻立退イテ下サイ。
行先ハ準備シテアリマス。
牛田町牛尾孟ノ原、甲斐太郎ノ隣リノ二間。
翌日現地ヲ見ルニ数ヶ所デ尋ネルモ不明、議員トシテハ困ル、再考ヲ求ム。
一、二八年一月元日
吉田社会課長、五日市育成所ニ来訪。
立退先ニ何カ予定ガアルカ、
予定ハナイガ行先ガ分リニクイノハ困ル、ドコソコヘ移ッタトイヘバ一トロデ分ルトコロヲ希望スル。
タトヘバ児童文化会館ノ裏トイヘバスグ分ルヨウニ。

ソウイヘバ、アスコニ建築材料ノ置場ノ倉庫ガアッタガソレデモヨイカ。
異議ナイ。砂原組ノ徹夜工事デバラック改造。
一月初メ一枚ノ風呂敷ノミニテ全員ニ見送ラレテ育成所ノ門ヲ出ヅ。

一、二八年一月中旬
基町の市営仮設住宅に移転後間もなく吉田社会課長来訪、云く市会方面より市長に強い要望あり。所内にある童心寺の建物もすぐ市に接収せよとは〔□□〕しいので市へ無償譲渡されたく、この登記書類に捺印されたいと、何も言わず其の儘捺印す。

一、二八年初夏のころ
菊崎副議長ら協議せられ、住宅一戸建造し贈りたいが受け取らるるや或は建築資金を受け取らるるかと土岡喜代一氏、加藤可醉氏を通じ内意打診あり、只今公職にあり遠慮する旨返事す。

一、二九年
夏丹羽民生局長より突として連絡あり。市に於て童心寺を建設して差し上げることとし、村田大旗事務所に設計を依頼しました。敷地は約一〇〇坪。吉島の吉本寿一氏の土地を借りるがどうですかとあり、この記事、中国新聞に先に大きく出でたるも刑務所の近くにて、田ん圃にて道もなく、実現の可能性もなく立ち消えとなった。

一、三〇年
渡辺市長吉田室長共々或は三滝山或は牛田山等々検討されたが遂に実現されなかった。

一、三七年

体育館建設に伴い現住所へ住宅移転加藤助役住宅課長と案内され、準公舎の扱いをすると言明された。その後童心寺は返還されたが、土岐局長社会課長ら五日市町に寄附されるよう要求され、現在公民館として使用されている。最早や寺院の形体はない。

広島市戦災児育成所

孤児たちの成長・独立に伴い、「童心園」「育成園」と名称を変更し、児童保護、身体障害児施設となり、昭和四八（一九七三）年に児童施設としての歴史を閉じた。育成対象となったものは、合計一七〇人にのぼる。

童心寺

Ⅴ．「広島戦災児育成所」と「山下義信」その後

広島市戦災児育成所

「広島戦災児育成所」は、昭和二八（一九五三）年一月一日、施設運営を広島市が担うことで移管された。名称は、「広島市戦災児育成所」とされた。

昭和三五年には名称を、さらに「広島市童心園」と改称した。その「童心園」も、昭和四二年には閉鎖された。

昭和四三年夏ごろ、「童心寺」建物は山下から五日市に寄贈され、皆賀沖町内会の集会所（皆賀沖会館）となった。「童心寺」建物は、昭和五五年七月に解体され、その場所には新しく「皆賀沖会館」が建てられ、現在に至っている。

童心寺建立計画

育成所が閉鎖され、市への移管後、山下の育成所関連活動の主なものは、「原爆遺児後援会」の活動、あるいは「童心会」の運営であった。

「原爆遺児後援会」は、「童心寺の本堂を建立したい」という山下の願いを会の目的とした。東京と広島に事務所を置き、童心寺のこれまでの経緯や将来構想を述べた小冊子『童心寺物語』を刊行した。

構想は、「建立場所　広島市内、敷地　約二千坪、建坪　約一千坪、着工予定　昭和三一年八月六日、落成予定　昭和三四年八月六日、総工費　約一億二千万円」「『父母の鐘』の鐘楼、保育所、児童のための病院などが併設されることになっている」。落成予定の一九五九（昭和三四）年八月は、原爆一三年に相当すると寄付を募ったが、資金繰りはうまくいかず、山下の願いは実現しなかった。

◆『童心寺物語』（原爆遺児後援会、昭和三〇年頃）

童心寺物語

原爆遺児後援会

『童心寺物語』

原爆の広島から参議院へ

山下は「原爆の広島から参議院へ」と題して、自らの政治政治活動をふりかえっている。児童福祉法、生活保護法、結核予防法、医薬分業の問題、遺家族援護法、売春防止法に取り組んだことを語り、そのときどきのエピソードを披露している。そして、「今後の厚生省発展は有機的総合的な調整が必要」なことを、次のように熱心に語った。

◆『厚生』（昭和三〇年八月号、一四～一九頁）

終戦直後にいまの原爆孤児の事業をやってみまして、小さい仕事ですけれども日本の社会事業というものをやっていく上においていろいろのことを非常に深く感じておりましたときに、勧める人たちがありまして立候補の届出をし、昭和二二年の第一回の参議院選挙に出たわけであります。そして参議院議員となって初めから厚生委員をずっとやっております。一番最初に手がけたのは児童福祉法です。

私が望むことは、ちょうど警視庁でボタン一つ押せば全国の警察署が出るごとく、一つの要所を押さえてあらゆる更生行政の部門が総合的に動くように、有機的、総合的な調整をはかる必要があると思います。それにはまず更生行政の施策がどの程度国民の福祉の上に利益を与えておるかということを、科学的にデーターをもって、あたかもバロメーターのごとく常に明確にしなければなりません。今年はこれだけの予算を使ったので国民の福祉は何％増進したというように明確にする必要があります。あらゆる経済施策が常に科学的調査資料を元として計画されるように、厚生省もそういったものによって計画を立てることにより厚生行政の総合的運営の妙味が発揮されると思います。

戦争犠牲者の救済

山下は、広島戦災児育成所を開所して所長の仕事につくと共に、早くから「戦災学徒の調査」に従事した。次男の行方不明がきっかけであったことは明らかであろうが、調査は、育成所職員の望月演之を中心に昭和二一（一九四六）年五月に実施し、広島の一六校を対象に実施された。

その調査結果をもとに、動員学徒の援護に関する活動は、「全国戦争犠牲者援護会」の結成となった。昭和二五年五月のことである。会長は、宇垣一成、副会長は橋本竜五、松野頼三とともに山下である。動員学徒犠牲者のための活動や、戦争犠牲者遺家族援護の積極的推進のための活動に取り組むことが山下の使命となった。

千鳥ヶ淵戦没者墓苑は、昭和三四（一九五九）年政府によって設置された「戦没者慰霊施設」であるが、その建設にあたって山下が大きな役割を果たしたことはあまり知られていないのではないか。

◆『戦後三十年の歩み』（広島県動員学徒犠牲者の会、昭和五〇年、一二六頁）

独立後の日本政府が先ずなすべきは、戦争犠牲者の救済にあるべきは言を俟たない、然るに当時の政府当局は、恩給法による軍人軍属の既得権のみに限定し、それ以外の新たな適用は、次ぎ次ぎと要求範囲が拡大されることを恐れ、極力これを拒否するという態度であった。従って動員学徒援護の問題が、果してその目的を達成し得ることができるか、まことに予断を許さぬという情勢であった。

然しながら、公正な主張は遂に勝つ。同時に関係者の熱情溢るる努力は、わが国初の準軍属援護という新法律制度を出現せしめたのであった。

元児童の身元問い合わせ

昭和四〇年代、五〇年代は、元児童からの原爆手帳申請あるいは戸籍届に関する問い合わせが、かなりあった。山下はそれらに返信するために育成所記録を丹念に調べ、家庭裁判所に出向いて相談するなどして、丁寧に答えたが、次の返信は、そうした問い合わせに応じた一例である。

◆山下義信の書簡

拝啓

毎日寒いことであるが無事にかつ幸せに暮しておりますか、老妻も死んで今年は六年目になります。あなたは老妻の面影を覚えておりますか。

この正月にはお年始状を下さってありがとう。

さて、昨年手紙で結婚したので届をしたいから、戸籍はどうなっているか――という問い合わせがあった。いろいろ調べたが、結局不明です。その事情を次のように書いておきます。

一、昭和二〇年八月六日　原爆の日から誰れかの手で、広島市比治山小学校の仮収容所に預けられ、昭和二一年二月九日まで同所で保護された。

一、昭和二一年二月一〇日比治山学校の仮収容所から佐伯郡五日市町皆賀の私の設立した広島戦災児育成所へ引き取った。

一、名前も年齢もわからず、所持品も何か手がかりになるものも持っていなかった。推定五歳と松林博士が認定し、私が稲のよく実るように幸せに成長せよといのって「〔□（伏字）〕イネ子」と命名した。

一、その後調査したことのある昭和二一年二月二一日の名簿には、「己斐町派出所より連行」とあり、手がかりになるかも分からぬがそこまで調べてない。

一、童心園の帳簿には昭和一七年一一月一〇日生まれとしてあるが、これは仮に作ったものである。

一、あなたの戸籍は分かりませんから、去る一月一九日広島家庭裁判所へ行って相談したら、東京家庭裁判所へ申し立てたら東京でもどこでもあなたの好きなところを本籍地にして作ってくれるから頼みなさいとのこと、広島家裁ですると本人が来ねばならんから東京現住地の家裁の方がよろしいでしょうとのこと。

　用紙をもらって来たから鉛筆がきのように書いて出すこと。　以上

昭和四二年一月二〇日

山下義信

「童心会」の開催

昭和四八（一九七三）年六月一六日、「童心会」主催で「おぢいちゃんを囲む会」が開催された。開催場所は、育成所跡に立つ「皆賀会館」で、「読経、法話、会食」の会であった。その会のあとに、名簿が作成された。

三九名の名前が載っている会員名簿には、『青葉学園物語』の作者、吉本直志郎も名を連ねている。『青葉学園物語』（ポプラ社）は、昭和四三年から四六年にかけて五冊のシリーズで刊行され、映画にもなった（『青葉学園物語』日活、昭和五六年）。吉本が過ごした育成所の生活を、とくに、やんちゃなこどもたちのいたずらをコミカルに、のびのびと描いて好評を博した。

比治山収容所から育成所開設にともなって移り住み、そこで育ったこどものひとりである藤田グラント恭雄は、八歳のとき、育成所から養子となって渡米して、その後アメリカで暮らした。アメリカで育成所の生活を思い起こし『広島に青空が帰った』（平成七年）を出版した。山下は、この本の出版を喜び、元育成所児童に贈るなどして推奨した。

児玉克哉は、昭和四二年での育成所出身者の就職先を記載している。

◆**児玉克哉『原爆孤児　流転の日々』（汐文社、昭和六二年、一六五頁）**

広島戦災児育成所出身の原爆被災孤児の就職先（昭和四二年現在）

僧侶　四名、販売業　二名、食堂　一名、農協　一名、自動車工場　一名、

商事会社　一名、散髪屋　一名、倉庫管理　一名、自衛隊　一名、不明一七名……計三〇名

「アサヒグラフ」も、育成所出身者の就職先を紹介して、座談会を開催し、その様子を詳しく伝えている。

この童心会は、結成されてのち、何度か集まる機会をもったが、その後の「原爆五〇回忌」の平成六（一九九四）年八月六日には、「童心会」メンバー約五〇人で広島市中区にある浄土真宗本願寺派寺院に集合した。集合したその寺院は、育成所元職員夫婦が設立し、住職・坊守となって寺院経営の保育園も併設されていた。原爆五〇回忌法要と「おぢいちゃん」「おばあちゃん」の法要を営んだ法要参列者は、山下晃さんをはじめとしたひとたちであって、山下夫妻を偲ぶ話、育成所の生活を思い起こす話が新聞紙上で紹介された（『中国新聞』平成七年二月二六日参照）。

吉本直志郎著『青葉学園物語』

藤田グラント恭雄著
『広島に青空が帰った』

「アサヒグラフ」
（朝日新聞社、昭和 39 年 8 月 7 日号）

真宗の聞き方

山下は、昭和三六（一九六一）年、『真宗の聞き方』（善行会出版）を執筆し刊行するなど、念仏者としての思いを明らかにした。『真宗の聞き方』は二六〇頁にまとめている。「序」で、次のように執筆の意図を述べている。

◆『真宗の聞き方』（善行会出版、昭和三六年）

人生の旅路にて、お念仏に出会ったということは、思いもそめぬ出来事である。どこでどう乗りかえたか、不思議に方角が違ってきた。ありがたいことである。

さまよいの曲折の、そのなかにあった不幸も悲しみも、つぎつぎとかさねた蹉躓も、今では、南無阿弥陀仏を聞くよき糧となって、獲がたき宝とかわったのである。なるほど、ご開山のおおせのように、お念仏は、耳で聞くのではなく、わが人生で味うものであることを、このごろやっと知ることができた。

近ごろ、思わぬことで、世間のことにかまけ、あたら空しく年月を費やしてしまった。残りすくない露のまも、お念仏に急がねばならぬと思っている。

山下にとって、同書の書名にもなっている「真宗の聞き方」がどういうものであったのか。山下にとって、「実践」が「真宗を聞く」ための重要なカギであったことが窺える記述が、以下の箇所である。

法蔵の扉をひらいて、大慈悲心をいただくのである。扉（とびら）はカギによってひらかれる。カギは信心である。信心をもって法を聞くことである。信心をもって法を聞くとは、絶体絶命（ぜったいぜつめい、せっぱつまる）の立場で、聞法の座につくということである。

苦悩と罪業に泣きぬれて、最後によるよりどころは、ひとり仏のおん前である。ここに一道のすくいが残されてあった。絶望する人生に、意外にも、生きる道がもうけられてあった。

仏ましますことは、かねてから聞くところである。手を合わせ念仏するすがたは、かねてわれらの知るところである。しかしながら、如来の前に跪（ひざまず）いて、そのおたすけにすがることは、かつてわれらの夢想せざるところである。しかるに、はからざりき今、仏のみ前にあって救いの声を聞かんとは。この聴聞の座のなかに、いみじくもわれを見出すは不思議である。

わがもとめる救済は焦眉（しょうび）の急である。希望の綱はことごとく切れ、精も根もつき果てて、芭蕉（ばしょう）のようにおののきながら、この真宗の門に立つものである。聞くは南無阿弥陀仏のおいわれである。諸行無常の鐘の音に、仏のお慈悲を聞くのである。命の綱でしっかりとくくられる聴聞である。この綱を命の綱とたのむばかりである。仏のおしえは真理のおことば、聞くは歎き泣くわたくしの人生である。おことばは真実、真理である。真理がすくいのおことばとなる。

悲しみのなみだは、いつしかうれしさのなみだにかわる。炎のむねに清涼の風がふきわたってくだされる。絶望のこの眼に、一道の光明がさっと走るのを見る。

わたくしはゆるされて、いだかれることができたのである。念仏があたえられたのである。迷妄のこころがさめて、希望の道がひらかれたのである。勇躍してこの道をすすむことは、聞いたままの実践である。わたくしは運命をかけて、ご信心を実践するのみである。実践によって法を聞くことができる。こうして念仏の人生を歩むことこそ、法蔵をひらくのカギである。

聞法は信をもって聞くことである。聞き得た法は実践である。実践によって真理の法は光をいだし、われらはその名号を信心する。これが聞名のカギである。カギを得たわれらは、さらに真宗の極致にすすまねばならぬ。極致とは、他力のご信心は、どのようにしてあたえられるかということである。

山下は、同書において「仏道は実行である」として、以下のように「実践」の大切さを述べている。

仏道は実行である。理想はいかに高く、理論はいかに深くても、それだけでは役には立たぬ。仏道は学問ではない。三学（戒、定、慧）、四諦（苦諦、集諦、滅諦、道諦）、六波羅密（布施、持戒、忍辱、精進、禅定、智恵）、八正道（正見、正思、正語、正業、正命、正精進、正念、正定）など大小二乗を通じての修行も、結局は行為をつつしみ、精神を正しくし、法界のすがたを悟り、真理の智恵を証するために精進するものである。智恵によって、こころの解脱が得られ、生死の苦をまぬかれることができる。仏道修行の人は菩薩である。菩薩の階位は五二段、まず信をおこし、疑惑をみちびいて理解させ、行によって、経験の智を生み、いよいよ廻向心を磨き、ついで経験以上の仏智にすすむ。思えば仏道はかぎりなき向上の一路、永劫の修行である。わたくしなどには、とうてい思いもよらぬことで、ただ長嘆息のほかはない。さりとて、退けば、奈落に沈むばかりである。

名号聞信の一念に、願行すでに具足して、かならず往生をうる念仏こそ、いかにも横超直道の妙法、希有最勝の真宗である。わたくしの根機にかのうた、ありがたい白道である。

山下の著書『真宗の聞き方』

晩年の山下。自宅書斎にて

最晩年の健筆

山下の健筆は、亡くなる年の平成元（一九八九）年まで続いているので、まったく衰えることがなかったといえるであろうか。

昭和六四年一月、昭和天皇が亡くなった。山下は天皇が昭和二二（一九四七）年一二月、育成所児童と対面したことを思い出したのであろうか、「天皇陛下と『戦災児』――お言葉『しっかりと勉強してください』と八幡川畔にて」を綴った。同年に綴った「両陛下慰霊碑ご参拝　一二・四・一六」（日付はママ）、「高松宮邸にて　原爆孤児等と」（昭和二七年三月三一日のこと）、あるいは全国社会事業大会総裁であった秩父宮妃殿下より宮邸に招かれたことを綴った「秩父宮妃殿下」は、山下にとって、いずれも忘れがたい思い出であったろう。新聞記事や記念写真を掲載して、当時を偲んで筆をはこんだ綴りである。

◆『親鸞聖人浄土真宗入門之書』（山下自筆文書）

人の一生は電光石火まことに須臾の一瞬である。この短い人生が徒らに涙に明け暮れ、不幸から不幸への悲しい旅であってはならない。

速やかに浄土真宗の信仰によって、絶望のドン底より起ち上らせていただき、今までの暗黒の世界から、生き甲斐のある生まれてきてよかったと、わが生の喜べるような光明(こうみょう)の人生をいただかねばならない(中略)。

人のタメ、人をタスケル人をヨロコバセルということを楽しみにするということは人生最大の幸福であります。

この幸福と功徳(くどく)と財宝(ざいほう)と光明とで荘厳(しょうごん)されたお浄土さまへ、帰(か)えって来(こ)いよ来(こ)いよと声をかけていただいている私は、この世界で最高の仕合(しあわ)せ者であります。　合掌

生き抜いた三〇年

今日までで、育成所と山下をもっともよく紹介した新聞記事は、中国新聞社報道部の島津邦弘である。「生き抜いた三〇年　原爆孤児育成記録から」と題された記事は、昭和五〇（一九七五）年八月七日から八月一六日まで一〇日間連続した特集記事であった。

島津は、元職員一二名、元児童四七名の消息をつかんで、以下の内容を紹介した。

「一、財産処分し資金調達　育成所の発足」
「二、全員が栄養不良・眼病　病気と闘う」
「三、食糧難との戦い続く　おなかすいたよ　家庭会食に大はしゃぎ」
「四、心を鬼に厳しく指導　しつけ『立派な家庭の子らしく』」
「五、母親になり切る苦心　献身　喜び・悲しみ　子らと共に」
「六、両親の霊に祈る日々　童心寺（上）　五少年僧の誕生が反響」
「七、仏門への道断念組みも　童心寺（下）　五少年僧の軌跡その後」
「八、善意と私財既に限界　広島市移管　家庭的ふん囲気薄れる」
「九、こうり一つで社会へ　その門出　ささやかな生活やっと」
「一〇、〝育成所精神〟に誇り　心の支え　出身者の胸に今も脈々」

山下は、これらの記事をかなり好意的にとらえたが、以下のように取材経過をふりかえるとともに少し不満を述べている。

◆山下義信の手書き文書

六月下旬島津記者より面会を求む、一両日後面会す。取材の基本方針をきき、興味本位は拒否し、「菊池女子大学生」の一読を求め、育成所の理想と地方環境の不一致を語り、地方住民の社会事業に対する関心を求めるという趣旨なれば取材に応じてもよろしという。再び来訪す。島津記者の真摯なる態度を信用し、資料あることを告ぐ。第三回の来訪にあたり資料の一部を貸与し、「童心寺物語」一部を与える。そして大体のことを語り、こどもらにインタービューするその人選等はすべて童心会幹事〔□□〕と相談されるよう指示す。以上為後日経過しるす。（昭和五〇年九月一日）

援助者の記載を希望したるも　その記事なし

研究資料

山下が亡くなったのち、平成四（一九九二）年七月、東京大学法学部附属近代日本法政史料センター原資料部は、遺品となった山下家保存資料のうち、原爆医療法などの原爆関係資料と戦争被害者救済のための立法関係資料をマイクロフィルムに収め、「山下義信関係文書目録」としてまとめた。このマイクロフィルムおよび目録は大学関係者はじめ一般に公開されているので、学術研究等に活用されている（直野章子『被ばくと補償　広島、長崎、そして福島』〈平凡社、平成二三年〉、とくに「第二章　被爆者に対する援護」）。

平成一一（一九九九）年一二月、広島市の広島平和記念資料館は、「故山下義信氏が所蔵していた『広島戦災児育成所』関係の資料についてまとめた」。『山下晃氏所蔵資料目録』である。

被爆七〇年

被爆七〇年を前にして、「広島戦災児育成所」跡地、地元地域では、「童心寺を次世代に語りつぐ会」が久保田詳三をはじめ有志により結成され、「通信」（平成二七年五月に第一号）を発行し、育成所を語り継ぐ、さまざまな活動をおこなっている。

紙芝居「童心寺」は、木下数子が制作し、平成二六（二〇一四）年六月に初めて演じられた。木下は原爆が投下されたとき八歳、広島県東城町（現庄原市）に住んでいて、広島から逃れてくる大勢の被爆者を見た。同級生には、親を戦争で亡くし養子に行ったものもいた。四〇年近く前に育成所があった場所の隣に引っ越して来たことで、のちに育成所のこと、山下のことを知ることとなり、これまでの新聞記事や写真・資料を参考にして筋書き、絵を考えた。平井美津子『シリーズ戦争孤児　5原爆孤児―ヒロシマの少年、ナガサキの少女』（汐文社、平成二七年、九頁、五四頁）でも紹介されている。

被爆七〇年の平成二七（二〇一五）年には、広島市立舟入高等学校演劇部により「童心寺物語」が上演された。「広島戦災児育成所」を描いた作品は、『青葉学園物語』（吉本直志郎作）原作、須崎幸彦構成・脚色で、上演から好評を博した。

紙芝居も演劇も、若い世代の人に育成所や山下のことを伝えたいという思いが込められている。

育成所元児童

山田乃武子（昭和九〈一九三四〉年生まれ）は、紙芝居を見て昔を懐かしんだ「元児童」のひとりである。育成所に入所した時期、在所期間、退所時期は覚えていないが、育成所に一時期いたことは、はっきり記憶している。

育成所「児童名簿」に記載されている個人情報によると、昭和二〇（一九四五）年一二月二六日に集団疎開先の袋町国民学校三良坂から育成所に入所した。五年生であった。父は山田武夫といい、食糧営団に勤務していた。乃武子は、父が集団疎開先に宛てた葉書を今も大切に保管している。

◆昭和二〇年八月一日に書かれた葉書

乃武ちゃん其後お元気ですか　何處か悪い所はありませんか　乃武ちゃんが元気で日々を送ってくれることが孝行になり又忠義にもなるのです　立派な日本人としてはずかしくない体になって下さい　父ちゃんはそれが何よりも嬉しいのです　暑いと言っても最う一か月ですね　今日は八月一日です　今月も七月の月に負けない様元気で頑張りましょう　先生寮母さんお寺様によろしく　さよなら

乃武子は原爆で父を亡くし、母は原爆が落とされる前にすでに病気で亡くなっていた。ただひとりのきょうだいである妹とは、戦後疎開先から広島市内に戻ったのちはじめて、育成所で再会できた。

また、元児童の山田皓彬（昭和九〈一九三四〉年生まれ）は、昭和二一（一九四六）年四月三〇日、一一歳の時に育成所に入所した。妹は九歳で入所して、所内の別々の寮で成長した。きょうだいともに入所した例は、めずらしくなかった。

皓彬は、入所生活の中で次の作文を残している。

◆『一周年記念文集』

「牛乳」

僕は毎朝起きて炊事へ行って牛乳びんをもらいに行って自転車をだして、びんを後ろにつんでくくって乗って、育成所の門を出て行くと風が顔にあたってさむくなる。八幡橋の所で大分暖かくなる。牛乳屋へ行くとあちらのおばさんがかすびんを出し僕もだしたす。みの牛乳を二〇本出して下さいます。これを箱に入れかごに入れます。それから自転車に乗って又もとの道を帰り、途中汽車の線路と電車の線路がありますそれから育成所に帰ってちょうど本堂の鐘がなるころです。伊藤先生が時々おろしてくださるし、そして自転車をもと通りおさめて本堂へお参りするのです。

皓彬は、小学校六年生のときに書いた作文を今見て懐かしく当時を思い起こすが、編著者の聞き取りに対して、所内の生活でもっとも想い出に残っているもので、今もすぐに思い起こすのは、キャッチャーとして野球に興じたこと、そして、「おぢいちゃん」の法話の間、座っていて足がしびれ痛かったこと、であると言う。

山田兄妹に関する育成所「児童資産調査書」には、「鏡台一」「仏壇一」「トランク一」など、入所時に持ち込んだ物が記載されていて、晧彬は当時のことを鮮明に記憶している。

退所は昭和二五（一九五〇）年一二月で、就職によるものであったが、「おばあちゃん」に就職祝いのジャンパー・ズボンを買ってもらったことを、大変感謝している。今も「おばあちゃん」の写真をテレビ近くに飾っている。

「おぢいちゃん」から人とのつながりの大切さ、人生の心のもち方を教えてもらった。「おぢいちゃん」のように人に尽くす人になりたいと思ってずっと生きてきたことを語った。

紙芝居『童心寺』（木下数子作）

舟入高校演劇部による『童心寺物語』

資料篇

広島戦災児育成所・山下義信関連新聞記事・雑誌一覧

※広島戦災児育成所や山下が、新聞・雑誌スクラップ綴り等で保存していた主なものを列挙した。

――新聞――

「日一日と輝く笑顔　お八つに牛乳・菓子など配給　孤児の天国」……『中国新聞』一九四六年一月一六日
「廣島市の戦災児をりつぱに育てよう　のびのび楽しい育成所」……『小国民新聞』一九四六年八月七日
「戦災児お寺で初盆」……『夕刊ひろしま』一九四六年八月一六日
「父母の気もちで　戦災児と親子になった育成所」……『朝日新聞』一九四六年八月一七日
「父母の霊を弔ふ」……『中国新聞』一九四六年八月一九日
「戦災孤児について」上・下（山下義信記）……『中外新聞』一九四六年八月四日
「頭を捻る七十萬圓　孤児育成所と労働文化協会へ　産報廣島縣支部の基金」……『中国新聞』一九四六年八月二〇日

「いろいろ楽しみ　育成所童心寺で廣島戦災孤児の座談会」……『小国民新聞』一九四六年八月二〇日
「大きく育て孤児の村　廣島縣小谷村　戸籍も入れて永住の楽園」……『朝日新聞』一九四六年八月二八日
「情けに伸びる孤児の喜び」……『朝日新聞』一九四六年九月九日
「澄んだ瞳に希望の青空」……『中国新聞』一九四六年九月二九日
「童心をゆする無情の風　忘れ得ぬ白骨の母さん　五人の戦災孤児出家を志願」……『京都日々新聞』一九四六年、掲載日不明
「労働文化協会設立　更生した産報の残余金」……『夕刊ひろしま』一九四六年一〇月一一日
「経営困難視さる　五日市戦災孤児育成所　一般市民の新なる認識要望」……『廣島新聞』一九四六年一〇月一八日
「母に捧ぐ念佛　五戦災孤児揃って得度」……『中国新聞』一九四六年一一月一一日
「村の兄さんが戦災児へ贈物」……『中国新聞』一九四六年一一月一三日
「〝光明〟を佛門に　廣島の五児、西本願寺で得度」……『京都新聞』一九四六年一一月一三日
「佛様になつて母さんにあふ」……掲載紙不明、一九四六年一一月一五日
「廣島の孤児五人」……『小国民新聞』一九四六年一一月一五日
「両親の菩提弔ふ決意　廣島の戦災孤児五名佛門へ」……『京都新聞』一九四六年一一月一七日
「濁世逃れて佛門へ」……『京都新聞』一九四六年一一月一七日
「戦災孤児、雛僧に」……『朝日新聞』一九四六年一一月一七日
「廣島の戦災孤児　五名佛門に入る」……『毎日新聞』一九四六年一一月一七日

「廣島の五孤児佛門入り」……………………………………『大阪時事新聞』一九四六年一一月一七日
「天晴れ廣島　戦災五童心」……………………………………『中国新聞』一九四六年一一月一七日
「父母菩提を弔ふ得度　廣島の戦災孤児佛門には入る」…………『毎日新聞』（東海版）一九四六年一一月一七日
「父母弔ふ決意も健気　廣島の戦災孤児五名が佛門へ」…………『朝日新聞』一九四六年一一月一八日
「探りゆく眞實一路墨染の法衣に包む童心」…………『中国新聞』一九四六年一一月二二日
「社会事業家のあり方」……………………………………『中国新聞』一九四六年一一月二二日
「戦災育成所を訪ねて」（常光浩然）……………………『仏教タイムス』一九四六年一一月二五日
「戦災孤児援護袋」……………………………………………『仏教タイムス』一九四六年一一月二五日
「八萬人の佛さまに仕えて　すくすく伸びる墨染少年」…………『朝日新聞』一九四六年一一月二五日
「五日市皆賀の清流に　慈悲の家・戦災育成所映ゆ　孤児感を拂拭した民主的明朗経営」
……………………………………………………………………『日刊廣島新聞』一九四六年一一月二九日
「戦災児訪問記　処女のお母さんにコドモが十数人」…………『藝備新聞』一九四六年一二月八日
「戦災児育成所　十五日と十六日に報恩講　戦災児の得度披露を兼ね」……『廣島新聞』一九四六年一二月一三日
「戦災児育成所報恩会」……………………………………『日刊廣島新聞』一九四六年一二月一八日
「新春の夢果して何？」……………………………………『廣島展望』一九四七年一月一日
「年頭雑感　全郡民の熱涙に訴ふ　佐伯地方援護委員会　委員長　山下義信」…『時事新聞』一九四七年一月一〇日
「サァお上がり銀飯だ」……………………………………『中国新聞』一九四七年一月一三日

「孤児達にお餅　贈る向原青年」……………………『日刊廣島新聞』一九四七年一月二二日
「ララの贈物」………………………………………『佛教タイムス』一九四七年一月二五日
「戦災児探訪　恵まれた真の愛情は子供の表情に現る」………『藝備新聞』一九四七年二月二日
「すくすく伸びる〝親なき子〟　明朗児は満腹から　恵まれた家の子に仕立てよう」
……………………………………………………『日本経済新聞』一九四七年二月四日
「親ともなり姉ともなる　聖母の如き職員　五日市町戦災児育成所を訪れて　N婦人記者」
……………………………………………『(夕刊) 民声新聞』一九四七年二月一五日
「生涯を孤児に捧ぐ　孤獨の引揚者小柴さん」………『廣島新聞』一九四七年二月二七日
「戦災孤児援護基金事業」……………………………『廣島新聞』一九四七年三月一四日
「中等校へ十二名　五日市孤児育成所から」…………『廣島新聞』一九四七年三月一五日
「原爆三周忌大法要　施主は山下義信氏」……………『廣島新聞』一九四七年四月八日
「伸びゆく児たち　あちこちから温い情け」…………『朝日新聞』一九四七年六月二五日
「祈りと感謝の自然環境　愛児の好成績が何よりの喜び」………『県報関西新聞』一九四七年八月二日
「五日いよいよ安芸路へ」……………………………『毎日新聞』一九四七年一二月三日
「原爆孤児と会見」……………………………………『読売新聞』一九四七年一二月七日
「立派な人になれよ　孤児たちをやさしく御激励」…………『夕刊ひろしま』一九四七年一二月七日
「平和の鐘に禅僧の如く御黙念　〝原爆の児〟いたわる廣島巡幸の陛下」……『東京新聞』一九四七年一二月八日

「再起誓う〝原爆の子〟五人の豆僧侶に御感激」……………………『中国新聞』一九四七年一二月八日
「天皇陛下戦災孤児に涙さる」………………………………………『朝日新聞』一九四七年一二月八日
「原爆少年僧の寺を建立」………………………………………………『朝日新聞』一九四八年一月六日
「分校問題　市と新生学園もめる」……………………………………『夕刊ひろしま』一九四八年二月三日
「北米の佛教徒から贈物」………………………………………………『毎日新聞』一九四八年二月一一日
「うれしい・うれしい贈物どっさり　海を越えて戦災孤児へ」……『毎日新聞』一九四八年二月一五日
「〝抱れて恥しいャ〟英豪軍、孤児達を慰問」………………………『中国新聞』一九四八年二月一七日
「孤児とかけっこ・コマ回し　占領軍を迎えて楽しい一日」………『毎日新聞』一九四八年二月一八日
「映画　第二の人生　を孤児らはどう見た」…………………………『夕刊ひろしま』一九四八年二月一九日
「五日市戦災児　育成所便り」…………………………………………『学生文化新聞』一九四八年二月二二日
「忘れられた『太陽の子』その後　3つの学園探訪記」……………『中国新聞』一九四八年二月二三日
「孤児もお参りする」……………………………………………………『佛教タイムス』一九四八年三月一五日
「孤児に餅を贈る　奇篤の石井敬夫氏」………………………………『廣島新聞』一九四八年三月三〇日
「海から本願寺参り　孤児たちもいそいそ嬉しそう」………………『毎日新聞』一九四八年四月一〇日
「西本願寺へ第一陣船出」………………………………………………『朝日新聞』一九四八年四月一〇日
「街の子にも負けません　知能テストも優秀な就学孤児」…………『毎日新聞』一九四八年四月一八日
「孤児と共にあり　若き情熱を注ぐ1学徒」…………………………『毎日新聞』一九四八年四月二九日

「孤児達にも新学期」……『朝日新聞』一九四八年五月五日
「薄幸な児に贈物」……『毎日新聞』一九四八年五月一二日
「孤児四年　ソ連の父帰る」……『毎日新聞』一九四八年五月一六日
「亡きフ神父　孤児の胸に生く　小遣ため燈明の贈物」……『毎日新聞』一九四八年五月二〇日
「六年ぶりにお父さんに会える」……『毎日新聞』一九四八年五月二九日
「故フ神父を追悼　原爆孤児も参列」……『朝日新聞』一九四八年六月一日
「収容所の孤児に瞼の父帰る　おおよくぞ生きて　ヒロシマ　シベリア　今晴れて相抱く運命の暦」
……『中国新聞』一九四八年六月七日
「戦災こ児収容所」……『五日市線合衛生新聞』一九四八年六月一五日
「両親を失つた気持は　よく判ります　福井県へ原爆の孤児が贈物」……『大毎新聞』一九四八年七月三日
「あれから三年・ピカの子ら　必要なものは施設　孤児の数では日本一の廣島市」
……『夕刊ひろしま』一九四八年七月一五日
「夢か『孤児の楽園』巷にのがれる浮浪児」……『夕刊ひろしま』一九四八年七月一五日
「〝ノーモア・ヒロシマズ〟映画化へ」……『朝日新聞』一九四八年七月三〇日
「来るぞ情けの贈り物　在来同胞から戦災児らに」……『中国新聞』一九四八年八月五日
「平和塔下の祈り」……『朝日新聞』一九四八年八月七日
「米国から　心こもる贈物　本県へ山羊さん16頭」……『大阪毎日新聞』一九四八年八月一四日

「ララの山羊君海渡って廣島県にもまいります」……『中国新聞』一九四八年八月一四日
「同情愛を高めよう」……『夕刊ひろしま』一九四八年八月一七日
「原爆孤児育成所へ　温い愛の贈り物　布哇から慰問品が続々到着」……『佛教タイムス』一九四八年一〇月七日
「骨身に沁みたブタ箱の罵倒　僅か半歳・全校の誇」……『中国新聞』一九四八年一〇月一一日
「〝私達はこんなに元気〟」……『毎日新聞』一九四八年一〇月二〇日
「ようこそ高松宮殿下　歓迎にわく市民」……『夕刊ひろしま』一九四八年一〇月二二日
「〝立派な僧侶になるよう〟高松宮　孤児少年僧を御激励」……『毎日新聞』一九四八年一〇月二三日
「〝瞼の愛児〟いまいずこ　ソ連引揚げの父が収容所行脚」……『毎日新聞』一九四八年一一月二五日
「育成所へXマスの使者」……『中国新聞』一九四八年一二月二七日
「山下義信氏が経営の廣島戦災児育成所の全貌」……『中国商工通信』一九四九年二月一〇日
「愛情によみがえる　かつての浮浪児、見事附属中学にパス」……『大阪毎日新聞』一九四九年四月二日
「ようこそ皇太子さま　〝勉強するんだョ〟車とめて戦災孤児ご激励」……『中国新聞』一九四九年四月六日
「〔皇太子〕美しい花束にニッコリ　思わぬ激励に大喜び」……『中国新聞』一九四九年四月六日
「平和記念塔にもおなり　三笠宮の日程」……『中国新聞』一九四九年六月二六日
「時間忘れ孤児慰む　童謡の三笠宮廣島へ」……『中国新聞』一九四九年七月一日
「聖歌響く佛式供養」……『毎日新聞』一九四九年八月六日
「世界に響け！　平和の鐘　黒染の衣まとう孤児　父や母の冥福を祈る法要」

……『日本経済新聞』一九四九年八月七日
「佐伯郡五日市廣島　戦災児育成所　法衣の佛弟子」……『民声新聞』一九四九年八月一〇日
「育成所軍に凱歌」……『中国新聞』一九四九年八月一二日
「市議軍惨敗　きのう戦災児と対戦」……『夕刊ひろしま』一九四九年八月一二日
「社会事業の父　山下信義氏　廣島平和都市にも尽力」……『新婦人新報』一九四九年九月一日
「共同募金はどう使われたか　中流家庭を目標に」……『民生時報』一九四九年九月一五日
「戦災児の親　不幸の子等は幸福に育てられている」……『廣島日々新聞』一九四九年一〇月三日
「原爆の孤児だけの愛の家　教養豊かな子女をつくる」……『新県政』一九四九年一〇月一五日
「〃気遣われる子らの保健〃戦災児育成所、文部省が補助打切る」……掲載紙不明、一九四九年一〇月一七日
「五日市養成所　全孤児を精神的養子に」……『夕刊ひろしま』一九四九年一〇月一八日
「精神的な養子について」……『中国新聞』一九四九年一〇月二九日
「原爆の子を育む　廣島戦災児育成所」……『民生時報』一九四九年一一月一五日
「猩紅熱下火」……『毎日新聞』一九四九年一二月四日
「会規、選任役員など決める」……『中国新聞』（夕刊）一九四九年一二月八日
「戦災児の道義的養子　資金委員会発足」……『文化通信』一九四九年一二月二五日
「原爆孤児に囲れ〃オルガン送るョ〃カズンズ氏、廣島を再訪」……『毎日新聞』一九五〇年一月一日

「ハロー廣島の子供たち」……『中国新聞』一九五〇年一月九日
「漫画の天才少年　誇示の夢は結ぶ　清水昆氏も折紙つける」……『朝日新聞』一九五〇年一月九日
「『精神養子』の父が来た」……『朝日新聞』一九五〇年一月一〇日
「カズンズ氏・孤児の中　一年半ぶり『笑顔』と對面」……『中国新聞』一九五〇年一月一〇日
「『おぉカワノ！』宏君を抱く〝父カズンズ〟」……『中国新聞』一九五〇年一月一一日
「アメリカに　渡る夢で胸がいっぱい」……『小学生新聞』一九五〇年二月五日
「原爆養子NO．1　養父は学校の先生　愛の便りと衣類の贈物着く」……『朝日新聞』一九五〇年二月二一日
「原爆孤児に五度目の春　義眼は英兵の贈物」……『朝日新聞』一九五〇年二月二三日
「『童心寺』からお経　きょうは彼岸の中日」……『ジュニア中国』一九五〇年三月一七日
「廣島は世界の灯台　平和の道標となれ」……『中国新聞』一九五〇年三月二五日
「孤児の野球大会」……『国際少年少女新聞』一九五〇年五月一二日
「携え磨く法の珠　『養子』の声も断った」……『中国新聞』（夕刊）一九五〇年六月三日
「戦災児への愛の送金　再び米から千五百ドル」……『朝日新聞』一九五〇年六月四日
「〝こりゃうまい〟漫画の清水崑画伯広島へ」……『朝日新聞』一九五〇年七月七日
「『原爆養子』は訴う　〝文句なしに戦争はイヤ〟」……『朝日新聞』一九五〇年七月七日
「あの日も間近か・原爆の児ら」……『朝日新聞』（夕刊）一九五〇年七月一一日
「勉強の孤児いじらし」……『朝日新聞』一九五〇年七月三一日

「心静か・平和への祈り」……『中国新聞』一九五〇年八月七日

「花に埋る慰霊塔　原爆廣島・5周年の日」……『毎日新聞』一九五〇年八月七日

「鳴り渡る平和の鐘　原爆五周年、廣島で慰霊祭」……『朝日新聞』（夕刊）一九五〇年八月七日

「親はなくてもこの通り　元気だよ！海辺の原爆孤児」……『毎日新聞』一九五〇年八月一〇日

「広島戦災児育成所その後の5年　慈愛に見守られて伸びゆく原爆孤児」……『朝日新聞』一九五〇年八月一三日

「駅々に待ち構えた歓迎の渦　異彩・廣島では少年僧侶の出迎え」……『毎日新聞』一九五〇年八月二三日

「すくすく育つ戦災児　陰に愛情注ぐ薬屋さん」……『中国新聞』一九五〇年九月九日

「はるばる『仏舎利』永久安置に」……『中国新聞』一九五〇年一〇月一二日

「広島の孤児へ寄付金　在米邦人が近く匿名で」……『中国新聞』一九五〇年一〇月一二日

「原爆地に五色散華」……『朝日新聞』一九五〇年一〇月一二日

「原爆孤児を養子に　ク博士に迎えられイランへ」……『朝日新聞』一九五〇年一〇月一四日

「〝立派な人になって下さい〟大谷光照氏戦災児を励ます」……『朝日新聞』一九五〇年一二月二日

「何処へゆく戦災孤児　育成所市へ寄附を申出　市長タヂタヂ慎重審議」
……『地方政治新聞』一九五〇年一二月四日

「父母のあるお正月　指を折って待つ精神養子」……『朝日新聞』（夕刊）一九五〇年一二月二〇日

「黒い髪のサンタ爺さん　浜井市長が孤児へプレゼント」……『中国新聞』（夕刊）一九五〇年一二月二二日

「日本各地からお年玉　浜井市長がサンタおじさん」……『中国新聞』一九五〇年一二月二三日

「私も孤児だった　原爆ヒナ僧と対面　涙ながす吉川英治」……『朝日新聞』一九五〇年一二月二三日
「こよいXマス・イブ」……『朝日新聞』一九五〇年一二月二四日
「〝聖夜〟北から南から」……『朝日新聞』一九五〇年一二月二五日
「プレゼントは何　現れましたサンタじいさん」……『朝日新聞』一九五〇年一二月二五日
「漫画の豆天才」……『朝日新聞』一九五一年一月四日
「漫画の天才少年　孤児の夢は結ぶ　清水崑も折紙つける」……『朝日新聞』（夕刊）一九五一年一月九日
「精神的お父さんへ　二少年感激の作文」……『中国新聞』一九五一年一月一六日
「世界の耳　録音」……『朝日新聞』一九五一年二月八日
「大学希望者も五名」……『中国新聞』一九五一年二月一〇日
「精神養子　世話して欲しい」……『中国新聞』一九五一年二月一五日
「寒餅」……『中国新聞』（夕刊）一九五一年二月一五日
「大学卒まで費用みる」……『中国新聞』一九五一年二月二一日
「原爆孤児を世話したい　ハワイの川崎さんから申込み」……『毎日新聞』一九五一年二月二三日
「学費みな引受けた　ハワイの未亡人から朗報」……『朝日新聞』一九五一年二月二三日
「集った香典も贈る　原爆孤児へ学資・ハワイ邦人の遺志」……『中国新聞』一九五一年三月二日
「愛の手に迎えられた孤児達」……『中国新聞』一九五一年三月三日
「戦災児引張りダコ　家庭から職場から」……『朝日新聞』一九五一年四月六日

「孤児は朗らか　母の日に対抗野球」……………………………『朝日新聞』一九五一年五月五日
「ボクらの最良の日　子供の日、各地で大にぎわい」……………『朝日新聞』一九五一年五月六日
「揺ぐ香煙に涙新た　きのう原爆死没者法要」…………………『中国新聞』一九五一年五月一八日
「たちこめる焼香　原爆犠牲者七回忌挙行」……………………『毎日新聞』一九五一年五月一八日
「似島学園ら三チーム野球戦」……………………………………『中国新聞』一九五一年六月六日
「五日市戦災児育成所　訪問記」…………………………………『西日本警察新聞』一九五一年六月一一日
「広島戦災児育成所」………………………………………………『廣島民声時報』一九五一年六月一五日
「米国ユ教会の愛の手」……………………………………………『廣島平和新聞』一九五一年七月一日
「時の人　山下義信氏」……………………………………………『廣島平和新聞』一九五一年七月一日
「こんなに丸々と…　悲惨な当時は昔物語」……………………『廣島平和新聞』一九五一年七月一日
「心尽しにただ感謝　カズンズ氏提唱の『精神養子』」…………『廣島平和新聞』一九五一年七月一日
「米に『原爆の恐怖』　六日は祈りと懺悔の日」…………………『中国新聞』一九五一年七月二八日
「精神養子、どこでも好人気」……………………………………『朝日新聞』一九五一年七月二八日
「天声人語」…………………………………………………………『朝日新聞』一九五一年八月一日
「ピース・センター問題にはふれず」……………………………『毎日新聞』一九五一年八月三日
「肉親の冥福を祈る　戦災育成所の原爆の孤児」………………『毎日新聞』一九五一年八月七日
「きのう厳かに原爆慰霊祭」………………………………………『朝日新聞』一九五一年八月七日

「終日、香煙はゆらぎて」……『中国新聞』一九五一年八月七日
「六たび『平和』への祈り　きのう廣島で原爆慰霊と記念祭　戦災乳児もはや一年生」
……『毎日新聞』一九五一年八月七日
「犠牲者の霊よ安かれ　しめやかに原爆6周年平和式典」……『中国新聞』（夕刊）一九五一年八月七日
「天声人語」……『朝日新聞』一九五一年八月一二日
「米国に渡る〝個展〟天分認められた孤児少年」……『毎日新聞』一九五一年八月一四日
「精神養子に千五百ドル　また一五名の縁組も決る」……『中国新聞』一九五一年九月三日
「元気で行こう　日の丸を先頭に」……『中国新聞』一九五一年九月一〇日
「二科から出品勧誘　非凡な才能の孤児画伯」……『朝日新聞』一九五一年九月一一日
「原爆孤児が老人を慰問」……『毎日新聞』一九五一年九月一五日
「永島少年の個展に寄す」……『中国新聞』一九五一年九月二〇日
「私の漫画」……『朝日新聞』一九五一年九月二八日
「久し振のララ物資　五日市戦災児育成所へ」……『中国新聞』一九五一年一〇月一四日
「収容児の精神的親へXマス・カード」……『中国新聞』一九五一年一一月三〇日
「戦災孤児には無料公開　五日近代バレエ・カルメン公演」……『中国新聞』一九五一年一二月二日
「Xマス・イヴ巷の表情　孤児も嬉しいお客様」……『中国新聞』一九五一年一二月二五日
「米からXマス・プレゼント　一千ドル、広島の子らへ」……『朝日新聞』一九五一年一二月二五日

「盛大なXマス式典　五日市戦災児育成所」……『中国新聞』一九五一年一二月二六日

「原爆の子にうれしい春」……『朝日新聞』一九五二年一月三日

「もう大学への準備　孤児の楽園に七年目の春」……『中国新聞』一九五二年三月二日

「作家とヒナ僧」……『朝日新聞』一九五二年三月一五日

「一しょに楽しく遊んだ一日」……『中国新聞』一九五二年三月二五日

「二度とはイヤ『あの日の経験』　原爆の子ら大阪で座談会」……『毎日新聞』一九五二年三月二六日

「亡き父母にもよろこびを　戦災孤児もめでたく卒業」……『中国小学生新聞』一九五二年三月二七日

「先輩大学生から祝辞」……『毎日新聞』一九五二年三月二八日

「その名も門出号で　養護施設の孤児たち箱根へ」……『朝日新聞』一九五二年三月二九日

「リ総司令官に面会か　五日市の戦災児たち招待さる」……『中国新聞』一九五二年三月三〇日

「楽しかった日曜日　後楽園に招待された孤児」……『毎日新聞』一九五二年四月一日

「原爆孤児お励まし　高松宮妃殿下」……『朝日新聞』一九五二年四月一日

「〝私よりも大きいヮ〟　原爆孤児・高松宮妃を訪問」……『中国新聞』一九五二年四月一日

「孤児の眼に映ったトウキョウ」……『中国新聞』一九五二年四月三日

「原爆孤児と女形」……『朝日新聞』一九五二年四月三日

「吉川氏訪ねた〝原爆孤児〟　悲願の上京労う」……『朝日新聞』（東京版）一九五二年四月四日

「吉川氏訪ねた〝原爆孤児〟」……『朝日新聞』（都下版）一九五二年四月四日

「一日里親と里子たちの記　里親…永久に続けたい」……『朝日新聞』一九五二年五月六日
「原爆孤児が感謝の贈物」……『朝日新聞』一九五二年五月六日
「海渡る原爆の孤児」……『中国新聞』一九五二年五月一二日
「日本の〝お土産〟はこれ　原爆孤児を〝養子〟に　ト女史福岡の宿で喜び語る」
……『朝日新聞』一九五二年五月一六日
「喜びの子供たち」……『朝日新聞』一九五二年五月一六日
「大阪で結ぶ母子の縁　ト女史抱きしめる原爆の子」……『朝日新聞』一九五二年五月一七日
「うれしくて〝夢のよう〟ト女史の精神養子たち語る」……『朝日新聞』一九五二年五月二〇日
「ボス氏も〝精神養子〟広島の孤児二名選ばれる」……『朝日新聞』一九五二年五月二一日
「戦災児育成所優勝　県下施設親善野球大会」……『社会福祉ひろしま新聞』一九五二年五月二五日
「胸ときめく初対面」……『大阪朝日新聞』一九五二年五月三一日
「私の一言　山下禎子（広島戦災児育成所長）」……『朝日新聞』（夕刊）一九五二年六月八日
「〝養育費として三千ドル〟精神養子へ、グリーン氏が持参」……『朝日新聞』一九五二年六月一七日
「五日市育成所へ　オルガンを贈る」……『中国新聞』一九五二年六月一七日
「孤児五日市育成所へオルガン　グリーン博士がとどける」……『中国小学生新聞』一九五二年六月一九日
「あだ名は『小さいボウ君』　親とわかれたミスター・ヘンリー　収容所で人気者」
……『中国小学生新聞』一九五二年六月二一日

「廣島戦災児育成所」……………………………『産業経済新聞』一九五二年六月二二日
「養父母のない孤児が問題　米国から送金一万三千余ドル」………『毎日新聞』一九五二年六月二二日
「十字路」……………………………………………『中国新聞』一九五二年七月五日
「〃香典返し〃を戦」………………………『中国新聞』（夕刊）一九五二年七月一〇日
「広島戦災育成所のみどり荘完工」…………………『中国新聞』一九五二年七月二四日
「五日市育成所へ二万円贈る　ブラジルで成功の県人」………『中国新聞』一九五二年七月二五日
「ボクらで守る犠牲者の霊　爆心地に〃童心寺〃」……………『毎日新聞』一九五二年七月三一日
「手を組む〃原爆児僧〃5名　7たびめぐり来る記念日におくる話　『童心寺』を爆心地へ」
……………………………………………………『毎日中学生新聞』一九五二年七月三一日
「戦災孤児に七年も無料サービス『映画鑑賞の夕』」……………『中国新聞』一九五二年八月三日
「近づく命日の供物を　村の青年から2千円」…………………『中国新聞』一九五二年八月五日
「幸福な精神養子二題」…………………………『中国新聞』（夕刊）一九五二年八月五日
「廣島戦災児育成所　みどり荘完工」……………………『中国商工通信』一九五二年八月六日
「供養祭に五日市戦災児育成所の原爆の孤児達」……………『毎日新聞』一九五二年八月七日
「香煙絶えぬ供養塔」……………………………『国際貿易新聞』一九五二年八月一三日
「あれから早や七年　厳かに七周年の式典」……………『国際貿易新聞』一九五二年八月一三日
「島のおじさん　スイカ有難う」………………………『中国新聞』一九五二年八月二三日

資料篇　広島戦災児育成所・山下義信関連新聞記事・雑誌一覧

「近く誕生・孤児楽団　五日市育成所に楽器寄付」……『中国新聞』一九五二年八月二八日

「きょう広島大会　世界佛教徒代表ら来る」……『毎日新聞』一九五二年一〇月一二日

「"原爆の地"で平和の大読経」……『毎日新聞』（夕刊）一九五二年一〇月一二日

「父を得た　"原爆の子"　佛教徒代表のク博士と親子の契り」……『朝日新聞』（夕刊）一九五二年一〇月一四日

「戦災孤児、養父の国オーストラリアへ」……『中国新聞』（夕刊）一九五二年一〇月一四日

「原爆の子抱いてイランへ　佛教徒代表のク博士」……『藝備新聞』一九五二年一〇月二二日

「"新しい母"待つ家へ　訓子さん　イランへ旅立つ」……『朝日新聞』一九五二年一〇月二五日

「こんどはハワイへ　原爆の子に幸運つづく」……『朝日新聞』一九五二年一〇月二六日

「手続きして迎えに　クラー博士　養女残して帰国」……『毎日新聞』（東京版）一九五二年一〇月二六日

「入国許可待つだけ　パキスタンの養子になる原爆孤児」……『中国新聞』一九五二年一〇月二六日

「ララ物資はまだ必要だ」……『藝備新聞』一九五二年一〇月三〇日

「市に寄付を申出る　五日市の広島戦災児育成所」……『朝日新聞』一九五二年一一月一日

「"原爆娘へ愛の手運動"」……『中国新聞』一九五二年一一月一六日

「広島へ譲渡申出る」……『中国新聞』一九五二年一一月二〇日

「市移管の要望認む」……『中国新聞』一九五二年一一月二一日

「カズンズ氏の依頼で精神養子の実態調査」……『朝日新聞』一九五二年一一月二二日
「戦災児育成所を慰問　壬生町婦人会」……『中国新聞』一九五二年一一月二八日
「〝原爆の子〟認める　松江市から豆使節団」……『朝日新聞』一九五二年一二月八日
「松江市のよい子が慰問に」……『中国新聞』一九五二年一二月八日
「得度し父母の霊慰む　大昇君が発心」……『中国新聞』一九五二年一二月一〇日
「広島戦災児育成所　演芸会など催す」……『中国新聞』一九五二年一二月一七日
「精神養子らへ二千五百ドル」……『朝日新聞』一九五二年一二月二〇日
「関係者招いて演芸会など　開設記念の催し」……『中国新聞』一九五二年一二月二一日
「優しい第二の父と母」……『毎日新聞』一九五二年一二月二三日
「戦災児収容所などにXマスの贈物」……『毎日新聞』一九五二年一二月二五日
「戦災児育成所を受納と決定　広島市議会」……『毎日新聞』一九五二年一二月二五日
「戦災児の心残り　山下義信」……『朝日新聞』一九五二年一二月二五日
「踊るボクらのXマス・イヴ　戦後初めての笑い声あげる孤児たち」
……『読売新聞』（大阪版）一九五二年一二月二五日
「愛児たちと別れ惜しむ　山下前戦災児育成所長」……『中国新聞』一九五二年一二月二八日
「混血児の実態をさぐる」……『中国小学生新聞』一九五二年一二月二八日
「〝原爆の子にあげて下さい〟」……『読売新聞』（大阪版）一九五二年一二月二九日

「今度は原爆の子らへ　母と娘が二千円を寄託」……『中国新聞』一九五二年一二月三一日
「世界にひびけ童心寺のカネ…平和の願いこめて少年僧がうつ除夜の鐘」……『中国小学生新聞』一九五二年一二月三一日
「厚生行政の第一人者　参議院議員山下義信氏の功績（多田仁巳参議院専門員による国会ルポルタジュ）」……『中国日報』一九五三年三月五日
「一般的な名前に改称　14年目迎えた戦災児育成所」……『毎日新聞』（広島版）一九六〇年三月三日
「仏門に生きる〝原爆僧〟」……『読売新聞』一九六一年八月三日
「ヒロシマの反省」1～7（山下義信）……『中外日報』一九六二年八月五日
「炎の系譜　孤児たちを救おう」……『中国新聞』一九六五年七月九日
「法衣をぬいだ少年僧　原爆孤児が歩んだ道」……『中国新聞』一九六五年七月二九日
「原爆孤児の歩んだ20年」……『中国新聞』一九六五年八月七日
「〝ヒロシマの〟の布教師　意地で育てた孤児　被爆者援護の突破口開く」……『中国新聞』一九六六年八月七日
「ヒロシマレポート　人の心に平和を確立せよ　山下氏が力説」……『本願寺新報』一九六八年八月一日
「25年後の原爆孤児に聞く」……『朝日新聞』一九七〇年八月五日

「原爆孤児の25年　広島戦災児育成所の卒園生たち」……『朝日新聞』一九七〇年八月五日
「生き抜いた30年　原爆孤児育成記録から」1〜10　中国新聞社報道部　島津邦弘
……『中国新聞』一九七五年八月七日〜八月一六日
「赤ヘルが町を埋めた」……『読売新聞』一九七五年一一月九日
「深い傷跡〝心の被爆〟　爆心の広島・袋町国民学校疎開児童44人の戦後史　原爆語る口調乱れ　離散・放浪…苦闘の31年」……『朝日新聞』一九七六年八月五日
「いえぬ傷跡　被爆者の32年　ゼロからの出発　心の空白14年間　孤児の道、わが子だけは」
……『中国新聞』一九七七年七月五日
「傷心の少年僧に心の支え　『命を愛して…』と吉川英治さんが手紙　太平洋戦争33回忌」
……『読売新聞』一九七七年八月六日
「被爆者35年　第一部・援護法への道」……『中国新聞』一九八〇年六月一四日
「ヒロシマの『史点』　占領下の原爆文献考　あの当時　両親慕う孤児の思い」
……『中国新聞』一九八六年七月三一日
「精神養子運動　往復書簡５００余通を保存　施設リストなど関係資料も多数」
……『中国新聞』一九八八年七月一一日
「ヒロシマ精神養子」1〜10　……『中国新聞』一九八八年七月一三日〜八月一日
「山下義信氏死去」……『中国新聞』一九八九年七月三一日

「じいちゃん安らかに…　原爆孤児ら死悼む　山下義信氏の通夜」……『中国新聞』一九八九年八月一日
「流れ雲　山下義信（7月30日没、95歳）原爆孤児に『家庭』を作る」……『朝日新聞』（夕刊　東京本社版）一九八九年八月五日
「声欄　山下義信氏の功績をしのぶ」……『中国新聞』一九八九年八月八日
「（野次馬見聞録）山下義信さんを知っていますか」……『見真』一九九一年七月一日
「昨年に五〇回忌　全国から集う　広島戦災児育成所」……『中国新聞』一九九五年二月二六日
「絆むすんで　広島戦災児育成日誌から」……『中国新聞』二〇〇七年八月一日～八日
「バラックに住み孤児育てた議員」……『中外日報』二〇一一年二月三日

―― 雑誌 ――

「内外の慈愛に見守られ　伸びゆく原爆孤児　『広島育成所』その後の五年」……『週刊朝日』一九五〇年八月一三日号
「原爆の孤児たち」（田辺耕一郎記）……『女性改造』一九五〇年一二月号
「特集・原爆から15年」……『週刊朝日』一九六〇年八月一四日増大号
「特集　もう〝原爆孤児〟ではない」……『アサヒグラフ』一九六四年八月七日号

広島戦災児育成所関係文献目録

●山下義信による文献、広島戦災児育成所において作成された資料

『育成の若干の記録』	
『或る育成の記録	昭和二一年七月同八月』（各務昌子記）
『日誌	昭和二一年　自　九月一一日　至　一〇月三一日』
『　〃	昭和二一年一一月起』
『　〃	昭和二一年一二月起』
『　〃	昭和二一年一二月一二日起』
『　〃	昭和二二年一月起』
『　〃	昭和二二年三月』
『　〃	昭和二二年五月』
『　〃	昭和二二年一〇月』
『保育日誌	昭和二一年三月二三日起』
『　〃	昭和二一年一〇月二〇日起』
『炊事日誌	昭和二一年七月起』
『　〃	昭和二一年一二月一〇日起』
『　〃	昭和二二年度』

『〃　昭和二三年度』
『〃　自　昭和二六年六月一日』

『衛生日誌　昭和二二年九月始』
『衛生日誌　医務室　昭和二三年一一月』
『衛生日誌　No. I　昭和二一年五月』
『〃　No. II』
『〃　昭和二一年三月』
『〃　昭和二二年一月』
『〃　昭和二三年度』
『〃　昭和二三年一一月』
『〃　昭和二三年度五月一一日より』
『〃　昭和二三年度八月六日より』
『〃　昭和二四年三月』

『育成日誌　教育部　昭和二二年度』
『育成日誌　昭和二二年度』
『〃　昭和二三年三月』
『〃』

『家事日誌』　昭和二二年一月』
『〃　昭和二二年五月』
『〃　昭和二三年六月起』
『家事日誌　第一児童室　昭和二三年度一一月』
『家事日誌　第二児童室　昭和二三年六月起』
『家事日誌　第三児童室　昭和二三年六月起』
『家事日誌　昭和二四年四月起』
『家事日誌　第四児童室　昭和二三年六月起』

『家事日誌　　　　　　　昭和二四年四月起』
『　〃　　　　　　　　　昭和二四年一一月』
『家事日誌　寄宿舎下　　昭和二五年六月以降』
『家事日誌　寄宿舎上下　昭和二六年一月以降』
『家事日誌　本堂　　　　昭和二三年六月起』
『家事日誌　　　　　　　昭和二五年六月』
『　〃　　　　　　　　　昭和二六年一月以降』
『家事日誌　寄宿舎二　　昭和二三年六月起』
『家事日誌　寄第一室　　昭和二四年四月起』
『家事日誌　寄宿舎下　　昭和二五年六月起』
『家事日誌　第二室　　　昭和二五年八月』
『家事日誌　　　　　　　昭和二六年一月以降』
『家事日誌　控室　　　　昭和二五年六月以降』
『家事日誌　　　　　　　昭和二六年四月』
『　〃　　　　　　　　　自　昭和二六年一〇月　至　昭和二六年一二月』
『家事日誌　双葉寮　　　昭和二三年六月起』
『家事日誌　　　　　　　昭和二四年六月』
『　〃　　　　　　　　　昭和二五年六月以降』
『　〃　　　　　　　　　昭和二六年九月以降』
『　〃　　　　　　　　　自　昭和二七年一月以降』
『家事日誌　学友館　　　昭和二三年六月起』
『家事日誌　作法室　　　昭和二四年一月起』
『家事日誌　梅寮　　　　昭和二四年一月起』
『家事日誌　　　　　　　昭和二五年六月』
『家事日誌　竹寮　　　　昭和二四年一月期』

『家事日誌		昭和二五年一月以降』
〃		昭和二六年一月以降』
『家事日誌	青葉寮	昭和二三年六月起』
『家事日誌		昭和二四年一月起』
〃		昭和二四年四月起』
〃		昭和二六年一月以降』
〃		昭和二六年一〇月以降』
『寄宿舎日誌		昭和二二年一月』
〃		昭和二二年度三月』
〃		昭和二二年七月』
『保育日誌	松村	自　昭和二二年六月　至同九月』
『分寮日誌		昭和二二年五月一二日起』
『作業日誌		昭和二五年八月』
〃		昭和二三年一月起』
『被服日誌		昭和二三年』
〃		昭和二三年度』
〃		昭和二四年度』
『被服日誌	育成所	昭和二四年度』
『被服日誌		昭和二一年　四月一日綴』
〃		昭和二一年　六月二日〜』
〃		昭和二二年　八月二日綴』
〃		自昭和二二年一二月　至同二三年四月』
『現況要覧		昭和二三年一〇月』
『歳入簿		昭和二〇年度』
『歳出簿』		昭和二〇年度』

『歳入　歳出　予算書綴	昭和二一年度以降』
『會計支拂原簿	昭和二二年度』
『現金出納簿	昭和二四年度』
『支出原簿	昭和二四年度　No.1』
『現金出納簿（日計簿）	昭和二七年度』
『育成所記録	昭和二一年度』
『役員会会議録	昭和二一年九月』
『事業部日誌	昭和二三年』
『児童名簿	昭和二四年一二月』
『概況報告書	昭和二六年度』
『広島戦災児育成所一覧	昭和二七年』
『概況報告書	昭和二六年一月一六日』

●山下義信著書（随筆）

山下義信『真宗の聞き方』善行会、一九六一年

山下義信『童心寺物語』

山下義信『親鸞聖人浄土真宗入門之書』

山下義信「善行会記録」一九七〇年

●広島戦災児育成所関係、新聞・雑誌スクラップ綴り

「スクラップ抜萃　育成所の記録抄」（自昭和二三年　至二七年）
「天皇陛下行幸　奉迎ニ関スル記録」（昭和二二年　自一一月二七日　至一二月）
「御巡幸スクラップ」第一輯（昭和二二年一二月七日）
山下義信「用件簿（昭和二八年四月）」
「戦災児及び社会事業関係資料集」（Ⅰ）
「戦災児及び社会事業関係資料集」（Ⅱ）（昭和二一年）
「戦災児及び社会事業関係資料集」（Ⅲ）（昭和二三年度）
「戦災児及び社会事業関係資料集」（Ⅳ）（昭和二六年度）
「動員学徒の問題で援助を依頼す」（昭和二六年一月一七日）
「原爆死没者の調査　弔慰金問題」（昭和二七年一月）
「広島戦災児育成所一覧」（昭和二七年五月一日）
「恩給調査会　委員名簿」（昭和三二年六月）
「準軍属資格者調査」（昭和三三年五月六日）
「千鳥ヶ淵墓苑」（昭和三四年三月）
「準軍属遺族の会組織」（昭和三四年一〇月四日）
山下義信「子らの面影」（昭和四三年七月一三日）
スクラップ「生き抜いた三〇年」（島津名簿）（昭和四八年六月一六日）

「育成所の山下禎子と児童達」(昭和六三年一二月五日)

●広島戦災児育成所関係、書籍・論文

「廣島原爆災害総合復興対策に関する請願書」一九四九年二月
山下義信「原爆の広島から参議院へ」『厚生』厚生省、一九五五年八月一日
「恵まれざる者の味方」『あの人この人』日本観光新聞社、一九五六年七月
山下義信編注『菊池女子大学生』善行会、一九六七年
山下義信「森崎正子に関する件」一九七三年九月六日
田代国次郎『21世紀の社会福祉―ヒロシマ社会福祉権の課題―』相川書房、一九八九年
『写真集　ふるさと皆賀』「おじいちゃんを囲む会」一九八九年
『山下義信関係文書目録』(近代立法過程研究会収録文書、No.77)東京大学法学部附属近代日本法政史料センター原資料部、一九九二年
藤田グラント恭雄『広島に青空が帰った』一九九五年

●原爆・戦争孤児関係

全国社会福祉協議会養護施設協議会『養護施設三十年』一九七七年
児玉克哉「原爆被災孤児の生活史に関する社会学的研究」『社会科学研究年報』一九四八年

竹田俊男「遊浪児の問題」『社会事業』第三一巻　第一号、一九四八年
辻村泰男「戦争孤児と遊浪児」厚生省児童局編『児童福祉』東洋書房、一九四八年
森滝市郎「原爆孤児」広島県教職員組合、一九五四年
広島県教育委員会『広島県教育八十年史』一九五四年
広島市『概観広島市』一九五五年
「廣島市における被災時の実態　附被災母子の生活状況」『原爆被害資料その三』広島子供を守る会提供、一九五五年
山本正憲「精神養子　The Moral Adoption について」『法経学会雑誌』（岡山大学）第18号、一九五六年
広島市役所『新修広島市史』一九五八年
中野清一教授記念事業会『仲間とともに―中野清一教授広島大学御退官記念論集―』三栄印刷株式会社、一九六五年
中国新聞社編「広島の記録―年表・資料編」未來社、一九六六年
似島学園『20周年の歩み』似島学園、一九六六年
広島県教職員組合・広島県原爆被爆教師の会『未来を語りつづけて―原爆体験と教育の原点』労働旬報社、一九六九年
田宮虎彦編「広島原爆戦災誌」第五巻　資料編、広島市役所、一九七一年
似島学園『25年のあゆみ』似島学園、一九七一年

『戦災孤児の記録（1971年）（シリーズ・戦争の証言〈2〉）』太平出版社、一九七一年
広島市『廣島市史』一九七二年
広島県『広島県史』原爆資料編、広島県、一九七二年
『似島のあゆみ』広島市立似島学園中学校、一九七二年
広島県『広島県史』近代現代資料編Ⅰ、一九七三年
『広島県史』近代現代資料編Ⅱ、一九七五年
『戦後三十年の歩み』広島県動員学徒等犠牲者の会、一九七五年
『広島県史』近代現代資料編Ⅲ、一九七六年
児童福祉法研究会『児童福祉法成立資料集成』上、ドメス出版、一九七八年
土門拳『生きているヒロシマ』築地書館、一九七八年
吉本直志郎『青葉学園物語』ポプラ社、一九七八年
日本の空襲編集委員会『日本の空襲』全一〇巻、三省堂、一九八〇年
『ふるさと井口の歴史』広島市井口地区社会福祉協議会、一九八〇年
吉田久一『日本社会平等の歴史』（新版）勁草書房、一九八一年
中野清一編著『広島・原爆災害の爪跡』蒼林社出版、一九八二年
中村健二『戦争って何さ　戦災孤児の戸籍簿』ドメス出版、一九八二年
日本戦災遺族会『全国戦災実調査報告書　昭和五七年度』一九八三年

中国新聞社編『広島県大百科事典〈下巻〉』中国新聞社、一九八二年
広島県『広島県史』現代、一九八三年
広島県保育連盟連合会35周年記念誌作成委員会編「三十五周年記念誌」一九八五年
原爆被爆体験記編集委員『原爆被爆体験記（第一集）』茨城県原爆被害者協議会、一九八五年
児玉克哉『原爆孤児　流転の日々』汐文社、一九八七年
市保連三十五年誌編さん委員会「広島市保育連盟三十五年誌」広島市保育連盟、一九八七年
田代国次郎・菊池正治「山下義信」『日本社会福祉人物史（下）』相川書房、一九八九年
「広島市学校教育史」広島市教育センター、一九九〇年
家永三郎・小田切秀雄・黒古一夫『ヒロシマ　ナガサキ　原爆写真・絵画集成　継続する悲劇』日本図書
　センター、一九九三年
逸見勝亮「第二次世界大戦後の日本における遊浪児・戦争孤児の歴史」『日本の教育史学』第三七号、
　一九九四年
広島県教職員組合・広島県原爆被爆教師の会編『続未来を語りつづけて』ヒロシマ・平和の教育の継承と
　連帯、一九九五年
前田一男「解説」戦争孤児を記録する会編『焼け跡の子どもたち』クリエイティブ21、一九九七年
紙中礼子『翔べ　太陽の子供たち』鳥影社、一九九七年
逸見勝亮「敗戦直後の日本における遊浪児・戦争孤児の歴史」『北海道大学大学院教育学研究科紀要』第

一〇三号、二〇〇〇年
金田茉莉『東京大空襲と戦争孤児』影書房、二〇〇二年
新田光子『原爆と寺院』法藏館、二〇〇四年
土田ヒロミ『ヒロシマ 2005』日本放送出版協会、二〇〇五年
桜田鈴雄『戦災孤児の60年 孤児院に育った子供達の記録』新風社、二〇〇六年
北河賢三「戦後日本の戦争孤児と遊浪児」『民衆史研究』第七一号、二〇〇六年
吉田敏治『反空爆の思想』日本放送出版協会、二〇〇六年
田中利幸『空の戦争史』講談社、二〇〇八年
新田光子編著『戦争と家族』昭和堂、二〇〇九年
高橋三郎「研究ノート『原爆孤児』問題」新田光子編『戦争と家族』昭和堂、二〇〇九年
遠藤由美「戦後日本の養護施設の系譜—合宿教育所の成立と転換—」『児童福祉法研究』第10号、二〇一〇年
直野章子『被ばくと補償 広島、長崎、そして福島』平凡社、二〇一一年
福間良明『焦土の記憶 沖縄・広島・長崎に映る戦後』新曜社、二〇一一年
宇吹暁『ヒロシマ戦後史—被爆体験はどう受けとめられてきたか』岩波書店、二〇一四年
堀川恵子『原爆供養塔 忘れられた遺骨の70年』文藝春秋、二〇一五年
平井美津子編『シリーズ戦争孤児』汐文社、二〇一五年

平井美津子『原爆孤児「しあわせのうた」が聞こえる』新日本出版社、二〇一五年
本庄豊『戦争孤児をしっていますか』日本機関紙出版センター、二〇一五年
直野章子『原爆体験と戦後日本—記憶の形成と継承』岩波書店、二〇一五年
本庄豊『戦争孤児「駅の子」たちの思い』新日本出版社、二〇一六年

●伝道・寺院関係

『本校に於ける宗教教育』廣島光道学校、一九三八年
「本派本願寺事業一覧」本派本願寺審議局、一九四〇年
朝枝竜雲『安芸門徒』広島文化出版、一九七三年
チチヤス九十年史編集委員会編『チチヤス—チチヤス九十年の歩み—』チチヤス乳業株式会社、一九七五年
国信玉三『柔軟心』比治山短期大学、一九七五年
水原史雄『安芸門徒』中国新聞社、一九八〇年
熊田重邦『近代真宗の展開と安芸門徒』渓水社、一九八三年
『炎の記憶—安芸門徒の原爆体験』安芸教区広陵東組・安芸教区広陵東組仏教婦人会連盟、一九八三年
『チチヤス百年の歩み』チチヤス乳業株式会社、一九八五年
『広島市学校教育史』広島市教育センター、一九九〇年

有元正雄「安芸門徒の信仰とエートス」『広島市公文書館紀要』第一五号、一九九二年
『安芸門徒の終戦五十周年　炎の記憶』浄土真宗安芸教区広陵東組仏教壮年会、一九九五年
有元正雄『宗教社会史の構想―真宗門徒の信仰と生活』吉川弘文館、一九九七年
新田光子「山下義信『真宗の聞き方』について」『国際社会文化研究所紀要』第12号、龍谷大学、二〇一〇年

あとがき

「まえがき」で述べたように、本書はもともとは山下晃さんを中心に、高橋三郎さん（わたくしの研究仲間で、京都大学名誉教授）、そして、わたくし新田の三人で、「山下文書」の復刻を考えたことから始まっている。しかし、高橋さんの健康上の理由などから作業が思うようにすすまないので、まず新田が資料紹介・解説を出版することになった。

山下晃さんは、山下義信の長男であるばかりか、「広島戦災児育成所」育ちであり、参議院議員山下義信の秘書を務めた方である。「広島戦災児育成所」、「山下義信」について語るのに最もふさわしい方であることは言うまでもない。これまでと同様、ぜひご自身で執筆してくださいとお願いし続けるつもりであるが、それとは別に、この本では第三者の目から「山下文書」を取捨選択させていただいた。

本書は、最終段階の原稿を山下さん、高橋さんにも目を通していただいている。「山下文書」

の雰囲気を伝えることができていれば、幸いである。

この本の刊行は、あらためて言うまでもないことだが、山下晃・澄子夫妻のご理解・ご協力なしにはまったく実現しなかったであろう。数々のご厚情に感謝の念でいっぱいである。

出版にあたっては龍谷大学出版助成金を受けることができた。関係各位に謝意を表したい。田中夕子さんをはじめ法藏館の皆さま、花月亜子さん（京都月出版）には、いろいろ無理をきいていただいた。厚くお礼申しあげる。

二〇一六年一〇月一日

新田光子

新田　光子（にった・みつこ）

広島市生まれ。京都大学大学院文学研究科博士課程（社会学専攻）修了。
龍谷大学教授。専門は宗教社会学。
主な著書は『大連神社史―ある海外神社の社会史―』（おうふう、1997年）、『大学生入門』（世界思想社、2001年、共著）、『原爆と寺院―ある真宗寺院の社会史―』（法藏館、2004年）、『戦争と家族―広島原爆被害研究―』（昭和堂、2009年、編著）。

広島戦災児育成所と山下義信
――山下家文書を読む――

二〇一七年三月二一日　初版第一刷発行

編著者　新田光子
発行者　西村明高
発行所　株式会社　法藏館
京都市下京区正面通烏丸東入
郵便番号　六〇〇-八一五三
電話　〇七五-三四三-〇〇三〇（編集）
〇七五-三四三-五六五六（営業）

装幀　尾崎閑也
印刷　立生株式会社／製本　清水製本株式会社

ISBN978-4-8318-5566-4 C0021

原爆と寺院　ある真宗寺院の社会史	新田光子著	二、三〇〇円
酔蟹夜話　ある住職の焼跡日記	薗田香勲著	一、八〇〇円
加藤辯三郎と仏教　科学と経営のバックボーン	児玉　識著	一、八〇〇円
シリーズ大学と宗教Ⅱ　戦時日本の大学と宗教	江島尚俊・三浦　周 松野智章編	三、五〇〇円
天皇制国家と「精神主義」　清沢満之とその門下	近藤俊太郎著	二、八〇〇円
戦時下の日本仏教と南方地域	大澤広嗣著	四、八〇〇円
アジアの開教と教育	小島　勝・木場明志編	六、六九九円
仏教史研究ハンドブック	佛教史学会編	二、八〇〇円

（価格税別）

法藏館